깊은 인생
DEEP LIFE

평범한 삶이 아주 특별한 삶으로 바뀌는 7가지 이야기

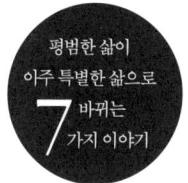

평범한 삶이
아주 특별한 삶으로
7 바뀌는
가지 이야기

깊은 인생
DEEP LIFE

구본형 지음

Humanist

나는 이런 이야기를 알고 있다. 어디서 읽었는지 누구에게 들었는지 이제는 기억할 수 없다. 어쩌면 비슷한 이야기를 듣고 내가 만들어낸 심상(心象)인지도 모른다. 중요한 것은 이 마음의 그림이 나를 이끌고 있다는 점이다.

내가 사하라 사막을 여행할 때였다. 천지가 모래였다. 그때 거대한 캐러밴들이 수백 마리의 낙타 떼 위에 짐을 싣고 가는 것을 보았다. 참으로 경이로운 광경이었다. 일시에 내 여행의 모든 목적이 충족되는 듯했다. 그러나 30분이 지나자 수십 마리 혹은 수백 마리씩 10여 킬로나 길게 이어져 나타나는 낙타 떼와 캐러밴은 더 이상 볼거리가 되지 못했다. 경이로움은 평범함으로 바뀌었다. 시시해졌다. 그때 사막의 아름다운 모래 굴곡 사이로 황금빛 사자 한 마리가 보였다. 사자는 조용히 앉아 먼 곳을 바라보고 있었다. 그 한 마리로 족했다. 나는 지칠 줄 모르고 그 사자를 바라보았다. 이윽고 아름다운 석양이 찾아왔고, 그 사자는 꼬리를 가볍게 칠렁이며 지는 해 속으로 천천히 사라졌다.

시작하며

꽃봉오리가 열리고 보잘것없는 것으로부터 위대한 것이 태어나는 인생의 정점에서, 하나는 둘이 된다. 늘 우리의 내부에 존재하지만 보이지 않았던 이 위대한 모습은 대각성을 촉구하며 지금까지의 내게 정면으로 맞서 떨쳐 일어난다.

― 카를 구스타프 융

우리는 언제 황금빛 사자가 되는가? 우리의 평범함 속에 감추어진 위대함의 씨앗은 어느 때 발아하게 되는가? 언제 우리는 그 시점을 계기로 과거의 그 사람이 아닌 전혀 다른 사람으로 다시 태어나게 되는가?

평범한 사람의 위대한 도약, 이 책은 일곱 개의 이야기를 통해 이 매혹적인 주제의 비밀에 다가간다. 하나의 이야기는 네 개의 꼭지로 이루어져 있는데, 한 꼭지를 읽을 때마다 마치 다른 방에서 읽는 것처럼 독서의 분위기가 다르다. 이렇게 생각하면 좋다. 하나의 이야기를 읽을 때마다 전람회 구경을 하듯 네 개의 방을 거쳐 가며 즐긴다고 상상하라. 하나의 방에는 하나의 이야기 한 꼭지가 전시되어 있다.

첫 번째 방은 전체적으로 어둡다. 횃불이 하나 이글거리며 탄다. 입구에 '이입의 방'이라고 쓰여 있다. 이 방에 들어갈 때는 입구의 가드에게 '이성-생각하는 힘'을 맡겨야 한다. 생각은 필요 없고 감정의 이입이 중요하다. 이 방에서 독자는 한 사람의 영웅을 만나게 된다. 이 공간에는 그 사람과 독자인 나밖에 없다. 영웅은 자신의 이야기를 들려준다. 일 대 일로 영웅은 자신의 이야기를 천천히 낮은 소리로 말한다. 독자에게 필요한 것은 그 영웅에게 감정을 이입해서 그 사람이 되어 그의 이야기를 듣는 것이다. 마치 제사를 집전하는 사제처럼 영빨이 올라 독자와 영웅은 하나가 된다. 독자는 그 사람이 되어 그 사람이 다다른 정신적 경지에 최대한 다가선다. 우리는 분리되어 있지 않은 하나다. 이것이 첫 번째 꼭지를 읽을 때의 정신적 환각이다.

두 번째 방은 환하다. 입장할 때 가드는 첫 번째 방을 관람할 때 맡겨두었던 '이성-생각하는 힘'을 돌려준다. 두 번째 방은 '현실의 방'이다. 현실로의 복귀다. 독자는 황홀감에서 깨어나 이성에 의지한다. 첫 번째 방에서 들은 그 이야기는 그 영웅만의 특별한 이야기지만, 다른 위대한 사람들에게도 공통적으로 나타나는 범용적 패턴이 있다는 것을 깨닫게 된다. 독자는 첫 번째 방에서 들었던 그 영웅의 이야기가 다른 영웅들에게도 비슷하게 적용되었다는 것을 듣게 되고, 평범한 사람이 영웅이 되어가는 여정은 비슷하다는 것을 눈치 챈다.

세 번째 방은 조용한 카페의 분위기다. 그 방에는 저자가 앉아 있다. 독자는 그에게 다가간다. 저자가 독자에게 의자를 권한다. 그리고 앞의 두 개의 방에서 들은 이야기들을 저자의 경험과 언어로 조용히 다시 들려준다. 멀리 있는 영웅들의 이야기는 바로 앞에 앉아 있는 저자의 경험과 만나 나의 이야기로 전환된다. 평범한 나, 이 속에 감춰져 보이지 않으나 분명하게 존재하는 엄청난 힘의 존재와 함께 영웅의 여정을 떠나고 싶은 욕망에 휩싸이게 된다.

네 번째 방은 텅 비어 있다. 아무도 없으며 전시물도 없다. 책도 이미 여기서 끝나 있다. 독자는 홀연 깨닫게 된다. 이 비어 있는 방, 여기가 바로 독자인 나의 전시실이라는 것을 알게 된다. 독자의 이야기, 자신의 신화를 그려 넣어야 하는 빈 공간. 네 번째 전시실은 바로 독자를 위해 안배된 빈 전시실이다.

독자는 스스로에게 묻는다.

"내게도 이런 일이 일어났을까?"

그리고 평범함에서 위대함으로 가는 영웅의 여정을 시작하는 것이다. 황혼녘 꼬리를 칠렁이는 한 마리의 사자가 되는 것이다.

CONTENTS

| 시작하며 ··· *005*

| 프롤로그　　시(詩)처럼 산다 ································· *011*

깨우침　깊은 인생으로 들어서는 첫 번째 문

| 깨우침 하나　**우연은 운명을 이끌고** ································· *021*
　　　　　　마리츠버그 역, 기적의 정차 - 간디
　　　　　　삶의 문턱에서 홀연 각성하라
　　　　　　그늘 체험, 단명한 직장인이 평생의 소명을 찾다

| 깨우침 둘　**야생의 재능이 나를 부를 때** ································· *049*
　　　　　　춤추는 여신과의 마주침 - 마사 그레이엄
　　　　　　피할 수 없는 나의 길을 걸어라
　　　　　　두 번째 인생, 다시 일어나 글을 쓰다

견딤　깊은 인생으로 들어서는 두 번째 문

| 견딤 하나　**끈질기게 삶에 달라붙다** ································· *075*
　　　　　　사라진 영웅, 다시 살아나다 - 윈스턴 처칠
　　　　　　냉소는 결코 업적을 남길 수 없다
　　　　　　그대, 스스로를 고용하라

깊은 인생 Deep Life
- 평범한 삶이 아주 특별한 삶으로 바뀌는 7가지 이야기

| 견딤 둘 **침묵의 10년을 걷다** *099*
            우드스턱의 작은 오두막집 – 조지프 캠벨
            춤추는 사람은 사라지고 춤만 남는 경지에 이르라
            고독한 고요, 인류의 유산에 흠뻑 젖다

| 견딤 셋 **여명처럼 고독을 지키다** *123*
            버려진 자의 평온 – 바뤼흐 스피노자
            견뎌라, 아직은 나의 때가 아니다
            새벽의 축조물, 홀로 살아야 하는 불안을 견딘 나의 책

넘어섬 깊은 인생으로 들어서는 세 번째 문

| 넘어섬 하나 **천둥 같은 스승을 얻다** *157*
            문틈으로 건네진 열쇠 – 조주
            같은 밧줄에 몸을 묶고 산을 오르다
            스승, 어두운 길 위에 뿌려진 달빛 같은 영감

| 넘어섬 둘 **나를 넘어 세계에 접속하다** *187*
            녹색 창고의 거대한 별 – 아니타 로딕
            세상과 타자를 위해서 나를 다 쓰지 못해 안달하라
            재능을 기부하고 사람을 얻다

| 에필로그 염소, 호랑이가 되다 *215*

| 프롤로그

시(詩)처럼 산다

    시처럼 살고 싶다. 나도 깊은 인생을 살고 싶다. 무겁고 진지한 삶이 아니라 바람처럼 자유롭고, 그 바람결 위의 새처럼 가벼운 기쁨으로 가득한 삶을 살고 싶다. 내면으로부터 울려 퍼지는 깊은 기쁨, 그것으로 충만한 자의 발걸음은 얼마나 가벼울지. 어느 날, 평범하기 이를 데 없는 한 사내가 지금 하고 있는 일에서 문득 의미를 발견하여 말할 수 없는 헌신으로 열중하고, 평범한 한 여인이 문득 하던 일을 중단하고 내면의 북소리에 맞추어 춤을 추기 시작하는 느닷없는 전환은 아름답다. 그것이 삶을 시처럼 사는 것이다. 어느 순간 사람들은 새로운 정신세계로 진입함으로써 위대해진다. 나는 이 위대한 정신적 도약을 사진으로 찍어보겠다는 생각을 품게 되었다. 그리고 그 도약의 순간을 사냥감을 노리는 맹수처럼 노려왔다. 이 책은 바로 그 도약의 순간 혹은 질주의 전 과정을 포착한 기록이다.

위대한 사람들의 삶을 엿보면서 삶이 시라는 것을 깨닫게 되었다. 갈림길 앞에서 그들의 운명은 한길로 나아갈 수밖에 없다. 그 길 이후 인생의 모든 것이 달라지는 것이니, 갈림길마다 새로운 차원의 세상이 열리게 된다. 지극히 평범한 사람이라도 비범한 분야 하나쯤은 푸른 하늘처럼 가슴에 품고 있다. 이것이 나의 믿음이다. 평범한 사람의 도약 과정이야말로 삶의 절정을 보여주는 가장 인상적인 대목이다. 이 부분이 시가 된다. 나는 그 시적 장면을 낚는다.

힘껏 벌린 활처럼 가슴 가득히 자신의 모든 것을 다 쓰고 가는 인생으로 빠져든 평범한 사람들의 비범한 삶들은 어떤 조건에서 깨어나게 되었을까? 평범함 속에 존재하는 비범함은 언제 어떻게 작동하게 되었던 것일까? 나는 그 매혹적인 작동 원리를 인생의 모퉁이를 도는 일곱 개의 이야기로 시작해볼까 한다. 나는 이 아이디어에 흥분한다. 나의 피는 다시 붉어진다. 싱싱한 젊음으로 충만해져 나는 흥미진진한 프로젝트에 빠져든다.

이 책을 쓰면서 나는 많은 역사적 인물들을 들여다보았다. 그러나 역사적 인물 그 자체에는 별 관심이 없었다. 한 예로 역사적 인물로서의 간디는 나의 관심사가 아니었다. 그 대신 인생의 어느 변곡점에서 도약을 하게 될 때 그가 다다른 정신적 경지에 나는 빨려들었다. 마리츠버그의 역사(驛舍)에서 하룻밤을 지새우는 동안 간디는 자신의 운명에 대해 무엇을 보게 되었을까? 간디의 삶은 그날 하룻밤으로 인해 어설픈 변호사에서 위대한 지도자의 길로 도약한다.

마리츠버그의 그 밤, 나는 오직 그 밤이 그에게 준 것들을 찾아보려 했다. 그래서 그가 겪었을 정신적 경지에 접속하기 위해 그 상황에 나를 대입해보았다. 나는 그가 된다. 그가 살았던 그 시대 그 상황으로 들어간다. 시간 여행의 여행자가 되어 그의 옷 속으로 기어들고 그의 피부로 파고들어 그 자리에 그가 되어 서보는 것이다. 그리고 나는 그가 되어 느껴보는 것이다. 그러므로 그의 이야기는 마치 나의 이야기처럼 시작된다. 왜냐하면 내가 바로 그였기 때문이다. 우리는 분리되지 않는 영혼이고, 내 속에는 인류 전체가 녹아들어 있음을 믿기에 그렇다. 글을 쓰면서 나는 이 황홀한 전도와 이입을 맛보았다.

> 춤을 출 때 나는 어떤 힘이, 그래, 영적인 어떤 힘이 내 안으로 깃드는 것을 느낀다. 그 순간 내 영혼은 더할 나위 없이 고양된다. 나는 우주와 하나가 된다. 별이 되고 달도 된다. 사랑하는 존재가 되는가 하면 사랑받는 존재가 된다. 승리자가 되는가 하면 무언가에 정복당한 존재가 된다. 노래하는 존재이자 그가 부르는 노래 자체가 된다. 이해하는 사람이면서 이해받는 자가 되곤 하는 것이다.
>
> ―마이클 잭슨

위대한 인물이 아직 평범하기 그지없을 때 맞닥뜨린 바로 그 장면에 나를 대입하여 내가 그가 되고 그가 내가 되는 합체의 황홀이 지나가면 나는 깨어난다. 그리고 묻는다. 마리츠버그 역에서 겪게 된 우연한 사건이 간디의 운명을 송두리째 바꾸어놓았듯이 다른 위대한 사람들도 비슷한 전환을 겪었을까? 그렇다. 많은 위대한 인물들 역시 평범함에서 위대함으로 건너뛰는 과정에서 간디의 마리츠버그와 유사한 우연을 겪게 된다. 마리츠버그 역의 우연은 간디 한 사람만이 아니라 우주가 준비된 사람에게 그들의 운명을 알려주는 신비한 고지의 방식이라는 것을 깨닫게 된다.

우연이 운명이 되는 이야기는 그동안 문학이 다루어온 흔하고도 멋진 만남의 방식이었듯이, 우리 역시 현실 속에서 운명적 우연을 겪게 된다. 그 우연을 통해 우리는 자신이 누구인지, 이 세상에서의 역할이 무엇인지를 홀연 깨닫게 된다. 이런 우연은 거듭된다. 그리하여 우리는 점점 더 높이 뛰어오르게 된다. 우연이 그저 우연으로 끝나고 마는 무수한 버림의 과정을 지나 우연이 운명이 될 때의 조건은 단 하나, '바로 때가 무르익어 감이 떨어지듯' 필연이 되는 것이다.

그 사람과 내가 하나가 되는 이입의 과정을 지나고, 유사한 패턴이 다른 영웅들에게도 나타난다는 이성적인 판단 과정을 끝낸 다음, 이윽고 나는 결정적인 질문에 이르게 된다. 그럼, 이와 유사한 우연이 내게도 일어났을까? 내게도 간디의 마리츠버그 역이 존재했을까? 내 인생의 마리츠버그는 어디였을까? 내 인생이 하나의 시로, 작은 노래로 바뀌어 푸른 하늘로 새처럼 솟아오른 그곳은 어디였을까? 나는 그 터닝 포인트에서 어떤 정신적 도약을 하게 되었을까? 평범한 사람인 내게는 아직 간디의 마리츠버그 역이 존재하지 않았던 것일까? 나는 내 역사를 뒤져 이 질문에 대답한다. 아직 그때가 오지 않았어도 좋다. 나는 기다린다. 그러나 그저 마냥 기다리지 않는다. 나는 준비한다. 준비하고 또 준비한다. 그리고 자연스럽게 아직 땅에 속한 어린 새가 바람을 타고 떠오르듯 하늘로 날아오르게 된다. 도약의 지점마다 삶의 하늘을 나는 날개를 얻게 되었으니 그때마다 위대함의 하늘로 조금씩 떠오르게 된다.

그리하여 내 꽃도 한번 찬란하게 필 것이다. 그런데 내 안의 잠재력이 때를 만나 하나의 꽃으로 피어나려면, 세 개의 문을 통과해야 한다. 나는 이것을 '깊은 인생으로 들어서는 문'이라고 부른다. 첫 번째 문은 '깨우침의 문'이다. 소명에 대한 각성과 고유한 잠재력이 발견되는 대각성의 순간이다. 두 번째 '견딤의 문'을 들어서면 오래 참아내야 한다. 침묵의 10년을 고독하게 지내며, 선택한 삶에 끈질기게 달라붙어 있어야 한다. 마지막 문은 '넘어섬의 문'이다. 선생을 넘어서야 하고 나 자신도 넘어서야 비로소 우주의 위대함에 닿을 수 있다.

그리고 나는 알게 된다. 그들의 삶이 하나의 시였듯이 나의 삶

역시 하나의 시라는 것을. 나 또한 시처럼 살고 싶다. 삶이 맑은 물속의 작은 고기 떼처럼 그 유쾌한 활력으로 가득 차기를 얼마나 바라왔던가. 삶이라는 대지 위를 내 인생은 여러 개의 시로 여울져 흐른다. 날쌘 고기처럼 도약하고, 깊고 푸른 물빛으로 잠복하고, 햇빛 쏟아지는 황홀로 새처럼 지저귀며 흐른다. 때로는 봄꽃을 실어 나르고, 때로는 폭우 뒤의 격동으로 몸부림친다. 이내 거울 같은 평화 위에 하늘과 나무 그림자를 실어 나르고 마침내 바다로 흘러들어 우주 속으로 사라진다. 그때 삶은 작은 강처럼 기쁨으로 흐르리라.

깊은 인생
DEEP LIFE

깨우침

깊은 인생으로 들어서는
첫 번째 문

깨우침 하나

우연은 운명을 이끌고

첫 번째 이야기는 우연이 운명이 된 이야기다. 사람이 준비되면 상황이 벌어진다.
이때 우주는 우연의 이름으로 다가와 운명으로 이끈다. 간디는 마리츠버그 역에서
지샌 하루 밤 때문에 시시한 변호사에서 위대한 지도자로 바뀌게 된다.
누구에게나 마리츠버그 역과 같은 도약의 순간이 찾아온다.
그러나 이 우연의 상황을 인생의 도약으로 삼으려면 준비되어 있어야 한다.

마리츠버그 역, 기적의 정차—간디

상황은 저절로 벌어진다.
— 일리아나 구어

기차가 마리츠버그 역에 도착했다. 밤 9시였다. 한 백인 승객이 열차 안으로 들어섰다. 그리고 나를 보았다. 나를 보자 당황하는 듯했다. 그는 밖으로 나가 두 명의 역무원을 데리고 들어왔다. 아무도 내게 말을 걸지 않았다. 또 한 역무원이 들어왔다. 그가 내게 말했다.

"너, 이쪽으로 와. 너는 화차로 가."

나는 그를 쳐다보았다. 가지고 있던 일등실 차표를 꺼내 보여주었다.

"나는 일등실 차표를 가지고 있소."

"그런 건 중요하지 않아. 다시 말한다. 화차로 가!"

"잘 들어요. 나는 더반에서 일등실에 탔고, 앞으로도 일등실로 갈 생각이오."

역무원은 조금 당황한 것 같았다. 그러나 곧 완강해져서는 좀 더 거칠게 말했다.

"안 돼. 내려. 당장 내리지 않으면 경찰이 끌어내리게 하겠다."

"경찰이 끌어내리게 하시오. 내 발로는 내리지 않을 테니까."

결국 경찰이 왔다. 그는 내 팔을 잡고 떠밀었다. 나는 끌려 내려왔다. 내 짐도 내려졌다. 나는 화차로 가는 것을 거부했다. 기차는 나를 남겨두고 떠났다. 대합실에 앉았다. 손가방은 내 옆에 있었지만 다른 짐은 어디 갔는지 알 수 없었다. 역무원이 어딘가에 보관했을 것이다. 마리츠버그는 해발이 높은 곳이었다. 남아프리카의 고원 지역은 겨울이라 혹독하게 추웠다. 외투는 짐 안에 있었지만 가져다달라고 말할 용기가 나지 않았다. 그들은 또 나를 모욕할 것이다. 모욕이 두려웠다. 대합실에는 등불 하나 켜져 있지 않았다. 나는 추워서 몹시 떨었다. 필사적으로 나의 의무에 대해 생각했다. 그리고 스스로에게 물었다. 나는 늘 나와의 대화가 필요했다.

'난 변호사야. 내 권리도 보호할 수 없다면 누구의 권리도 보호할 수 없어. 그러면 권리를 위해 싸워야 할까, 아니면 이대로 되돌아가야 할까? 그래, 굴욕을 당해도 견디자. 프리토리아에 도착해서 재판을 마치고 인도로 돌아가자. 중도에 돌아가는 것은 사내가 할 행동이 아니야. 이 고난은 표면적인 거야. 깊게 뿌리내린

인종 편견이라는 업병(業病)의 징후일 뿐이야. 내게는 힘이 있어. 이 뿌리 깊은 병을 제거할 힘 말이야. 나는 이 힘을 써야 해. 이 힘을 쓸 때의 고난은 스스로 견뎌내야 해. 고난에 항거해야 해.'

나는 그 밤의 추위를 견뎌냈다. 그리고 다음 열차로 어떻게든 프리토리아로 가기로 했다. 이튿날 아침 나는 총지배인 앞으로 장문의 항의 전보를 쳤다. 나를 남아프리카로 부른 부유한 상인 다다 압둘라에게도 이 사실을 알렸다. 그의 파트너인 압둘라 셰드가 총지배인을 만났다. 총지배인은 부하들이 한 짓을 변호하면서도 역장에게 지시하여 나를 무사히 보내주겠다고 약속했다. 밤이 되자 열차가 도착했다. 그곳에는 나를 위한 자리가 준비되어 있었다. 나는 그 열차를 타고 찰스 타운에 도착했다.

찰스 타운에서 요하네스버그까지는 마차로 가야 했다. 나는 역마차 표를 가지고 있었다. 마리츠버그에서 하룻밤을 지새웠기 때문에 예정보다 하루 늦게 도착하기는 했지만 역마차 표는 여전히 유효했다. 그러나 역마차 측에서는 내 표가 무효가 되었다고 우겼다. 그들이 그렇게 말한 데는 이유가 있었다. 승객들은 모두 마차 안에 탑승하게 되어 있지만 나는 승객이 아닌 '쿨리'로 여겨졌다. 그들은 마부석 옆자리에 나를 앉히기 위해 수작을 부린 것이었다. 그곳은 원래 백인 차장의 자리였다. 하지만 그 차장은 내 자리인 마차 안 승객석에 자신이 앉고, 승객인 나는 차장석에 앉히려 했다.

또 싸워야 할까? 내 마음은 다시 갈등에 휩싸였다. '여기서 싸우면 역마차는 떠날 거고 나는 하루를 또 허비하게 될 거야. 그 다음 날 어떻게 될 건지도 신만이 알아.' 나는 모욕을 참기로 했다. 마부석 옆자리에 가 앉았다.

세 시간이 지났을 즈음, 그 백인 차장이 담배를 피우고 싶은지 밖으로 나와 내가 앉아 있던 의자에 앉으려고 했다. 그는 더러운 마대 하나를 발판에 던지며 내게 말했다.

"이봐, 새미, 너는 여기 앉아. 마부 옆 네 자리에는 내가 앉을 테니."

나는 이 모욕은 참지 않으리라 생각했다. 그래서 두려웠지만 이렇게 말했다.

"당신이 승객인 나를 이곳에 앉혔지만, 나는 그 굴욕을 견뎠소. 내 좌석은 마차 안에 있는데도 말이오. 이제 당신은 담배를 피우려고 밖으로 나와서는 여기 앉으려 하오. 나를 발밑 더러운 마대 위에 앉히면서. 하지만 난 당신 발밑에 앉지 않을 것이오. 안으로 들어가 원래 내 자리에 앉겠소."

내 말이 끝나기가 무섭게 주먹이 날아왔다. 그 백인 차장은 내 팔을 잡고 끌어내리려 했다. 나는 망령이라도 된 듯 마차의 놋쇠 손잡이를 잡고서 손이 부러지더라도 놓지 않으리라 결심했다. 그 백인은 온갖 욕설을 퍼부으며 주먹으로 나를 때렸다. 그러나 나는 신음조차 내지 않았다. 보다 못한 승객 몇 사람이 나를 안으로 들어와 앉게 하라고 말했다. 그 백인 차장은 "절대로 안 되지요."라고 말했다. 그러나 그도 창피했는지 내 팔을 잡았던 손을 놓고서 마차의 다른 쪽 의자에 나를 앉히고는 계속 노려보며 험한 말을 지껄였다. 나는 가슴이 두근거렸다. 살아서 목적지에 닿을 수 있을지 불안하기 그지없었다.

밤이 되자 마차는 스탠더턴의 경유지에 도착했다. 그곳에는 나를 고용한 점포에서 인도인 몇 사람이 나와 기다리고 있었다. 나는 안심이 되었다. 그날 나는 역마차 대리점에 내가 받은 부당한 처사에 대해 긴 편지를 썼다. 다음 날 아침, 나는 마차 안에 내 자리를 마련해줄 것을 요구했다. 대리점에서는 그렇게 하겠다는 메시지를 보내왔다. 그리고 나를 때린 그 백인 차장은 다음 날 탑승하지 않을 것이라고도 말해주었다. 나를 때린 그 사내를 고소할 생각은 하지 않았다. 내게 합당한 자리가 주어졌기에 그것으로 마무리했다. 내가 두렵지만 싸움을 계속한 것은 나를 위해서만은 아니었다. 나는 인도인 전체가 당하는 부당한 대우에 맞서고 있다는 신성한 사명감에 점점 빠져드는 듯했다.

드디어 내가 탄 마차가 요하네스버그에 도착했다. 이곳에서 프리토리아로 가는 열차를 다시 타야 했다. 나는 다시 일등실을 요구했다. 압둘라 셰드는 난감해했다. 그는 내가 일등실을 집요하게 고집하는 이유를 알지 못하는 것 같았다.

"이 나라는 당신을 위한 나라가 아닙니다. 아시겠어요? 프리토리아는 일등실에 타서 갈 수 없어요. 여기는 나탈보다 더 차별이 심하단 말입니다."

"걱정 마시오. 내가 한번 직접 구해보겠소."

나는 먼저 역장에게 편지를 보냈다. 그 편지에 나는 법정 변호사이며 언제나 일등실 차편으로 여행하고 있다고 알렸다. 그리고 일등실 발권을 기대한다고 썼다. 그들이 그저 나를 쿨리 변호사라고 생각하고 조롱할지도 모르는 상황이었다. 그래서 나는 프록코트에 넥타이를 매고 정장을 한 다음 역장을 만나러 갔다. 그리고 역장 앞에 금화를 꺼내놓고 일등실 표를 요구했다. 내 생각에, 정장은 말보다 훨씬 강한 설득력을 가지고, 돈은 모든 것의 대변자이며, 좋은 옷과 금화는 힘이 세다.

역장이 그런 나를 보며 웃었다. 그리고 이렇게 말했다.

"당신이 편지를 보낸 사람이군요. 나는 여기 사람이 아니고 네덜란드 사람입니다. 당신 입장을 이해하고 동정하고 있습니다. 우리 이렇게 합시다. 내가 일등실 차표를 끊어주겠소. 그러나 차장이 당신을 끌어내리거나 삼등실 자리에 앉게 하더라도 나를 끌어들이지는 마시오. 즉, 철도 회사를 고소하지는 말아달라는 겁니다. 여행을 잘 끝내기 바랍니다. 당신은 신사입니다. 나는 그것을 압니다."

역장은 일등실 차표를 내주었다. 나는 그의 호의에 감사했다. 열차가 오자 나는 일등실에 앉았다. 차장이 검표를 하러 올라왔다. 나를 보자 불쾌한 표정을 지었다. 그는 말했다.

"삼등실로 가."

나는 일등실 승차권을 보여주었다.

"그런 건 중요하지 않아. 삼등실로 가."

그 일등실에는 영국인 승객 한 사람만이 타고 있었다. 그때 그 승객이 차장을 꾸짖었다.

"왜 그 신사를 괴롭히는 거요. 일등실 표를 가지고 있지 않소? 그 신사와 같이 있어도 나는 아무렇지 않소."

그러더니 그 승객은 나를 쳐다보며 말했다.

"안심하고 그대로 계시오."

차장이 투덜거렸다.

"손님이 쿨리와 함께 앉아 가기를 원하신다면 저는 상관하지 않겠습니다."

차장은 갔고, 밤 8시에 기차는 프리토리아에 도착했다. 나는 무사히 목적지에 도착할 수 있었다.

프리토리아에 도착한 나는 동족들을 모았다. 그리고 부당한 대우에 대처하기 위해 그들을 규합했다. 그 규합은 성공적이었다. 일련의 활동들을 통해 인도인도 '옷차림이 적절하다면' 일등실이나 이등실에서 여행할 수 있게 되었다. 이날의 회합이 바로 일개 변호사였던 내가 정치적 지도자로 전환한 첫 순간이었다. 그 후 나는 내가 걷게 된 정치운동의 사명이 바로 마리츠버그의 기차역에서 시작되었다고 술회하곤 했다.

　나는 그곳의 인도인 정착민들이 얼마나 힘든 상황인지를 여러 글과 소문을 들어 알고 있었다. 그러다 그날 직접 몸소 체험함으로써 좀 더 세세히 느끼게 되었다. 남아프리카는 자존심이 센 인도인들이 살 만한 곳이 못 되며, 이런 일련의 사태를 개선하기 위해서는 여러 방법이 필요함을 깨닫게 되었다. 나는 점점 이 방법을 찾는 일에 사로잡혔다.

　처음에는 마리츠버그의 추운 하룻밤이 그저 우연한 사건이라고 생각했다. 그러나 그것은 우연이 아니었다. 아니, 다른 사람에게는 우연이고, 당하면 얼른 잊어야 하는 불쾌한 사건에 지나지 않았을지도 모른다. 그러나 나는 그때 그 우연과 마주할 준비가 되어 있었다. 나는 일등실 표를 가지고 있고, 그러므로 나는 일등실에 앉아 여행할 수 있으며, 내가 알고 있는 법은 그것이 당연한 나의 권리라는 것을 지지해주었다. 따라서 나는 이것을 세상에 주장할 수 있으며, 결국 내가 이기리라는 것을 믿고 있었다.

　그때 나는 자신의 미래에만 민감한 한 젊고 어설픈 변호사에서 인도인의 권리를 생각하는 사람이 되었다. 생각이 한 차원 도약한 것이다. 이제 일등실에서 여행하기 위한 투쟁은 나만을 위한 것이 아니다. 그것은 나의 모험이 되고 싸움이 된다. 그러므로 나는 이 싸움을 포기할 수 없다. 일등실 차표와 일등실 마차 표를 가지고서 나는 주장하고 편지를 써대고 항의하고 끝내 내 권리를 얻어내는 것이 나탈에서 프리토리아까지 가는 여행의 목적이 된 것이다.

만일 내가 변호사가 아니었다면 이 우연은 내 운명의 서곡이 되지 못했을 것이다. 인도에 있는 내가 남아프리카로 갈 일도 생기지 않았을 것이고, 굳이 모욕과 구타를 당하면서까지 일등실 여행에 집착하지도 않았을 것이다. 나 역시 부당한 대우를 다른 동족들처럼 얼른 잊어야 할 일로 간주했을 것이다. 내가 준비가 되었을 때, 우연은 비로소 필연적 운명이 될 수 있었다. 장전된 대포에 불이 붙듯, 준비된 바탕 위에 우연이라는 불길이 나를 터지게 했다. 나는 정치가의 세계로 쏘아 올려졌다. 변호사 간디에서 정치가 간디로, 그리하여 가장 위대한 지도자 중 하나로 나아갈 수 있었다. 그것이 내 운명이 된 것이다. 나는 무릎을 꿇고 앉는다. 그리고 기도한다.

"어찌하여 제가 이 길을 걷게 되었는지 모릅니다. 그저 우연의 모습으로 나타난 필연에 의해 제게 주어진 역할을 알게 되었고 그 길을 가게 되었습니다. 제가 아니더라도 당신은 누군가에게 이 역할을 맡기셨을 것입니다. 누군가 그 일을 해야 하기 때문입니다. 그것이 왜 저였는지는 아직도 모릅니다. 아마 제가 당신을 향해 주저하면서도 한 걸음 다가섰기 때문에 당신이 기뻐하며 제게 열 걸음 다가와 당신의 은총을 보이신 것이겠지요. 그리고 그 잔을 제게 내미신 것입니다. 그 잔이 제게 왔을 때 무섭고 두려웠지만 그 잔을 들게 하고, 그 우주적 떨림에 의지하여 제 길을 더듬어 갈 수 있게 된 것을 감사합니다. 일단 이 길로 들어서니 열리지 않았던 문들이 열리고, 모든 것이 착착 저를 기다리고 있었던 것처럼 진행됩니다. 그리하여 이 길이 제 인생이 되고 말았음에 저는 철철 눈물을 흘리며 감사합니다."

삶의 문턱에서 홀연 각성하라

모든 우연이 다 필연이 되지는 못한다. 우연은 우연으로 흘러 잊히는 경우가 다반사다. 오직 특별한 우연만이 우리로 하여금 우주와 공명하고 있다는 일대 각성에 이르게 한다. 그 우연은 이내 우리의 소명이 된다. 우연이 운명이 되는 것이다.

우리는 이제 우연을 해석할 중요한 기로에 서 있는 듯하다. 그 우연은 정말 우연이었을까? 아니면 우연을 가장한 필연, 다시 말해서 그렇게 흘러갈 수밖에 없는 일이었을까? 나는 이 대목에서 멈추어 선다. 마리츠버그 사건은 누구에게나 일어날 수 있는 개연성이 강한 일개 사건이었다. 그런 일이 간디에게만 일어나지는 않았을 것이다. 그 당시 그곳에서는 유색인종이라면 누구나 일등실에 타게 되면 겪어야 할 수모였을 것이다. 그런데 어째서 간디만 그 일을 결코 잊지 못했던 것일까?

간디는 마리츠버그 사건 앞에서 홀연 각성한다. 그 우연한 사건은 영혼의 각성을 촉구하는 '전령관'이었다. 운명의 갈림길에서 그는 모험에의 소명을 깨닫게 된다. 마리츠버그의 우연은 그에게 역사적 사명의 수행을 촉구하고 있었고, 간디는 정신적 통과의례를 거쳐 가고 있었다. 지금까지의 '삶의 지평은 너무 좁아 더는 그의 영혼의 크기에 적합하지 않게' 되었다. 그는 바야흐로 또 하나의 삶의 문턱을 넘어야 할 때에 이른 것이다.

신화학자 조지프 캠벨은 일반적으로 이런 역사적 소명을 받는 장소나 사건은 대개 깊은 숲속이나 큰 나무 아래, 심연으로 상징되는 어둡고 험하고 추한 곳일 때가 많다고 말한다. 간디에게는 마리츠버그에서 떨며 지낸 하룻밤이 숨이 막히고 피가 응어리지는 특별한 고통의 사건이었다.

여기서 우리는 알게 된다. 어떤 우연한 사건이 운명을 바꾸기 위해서는 그 사건과 그 사람의 정신세계는 이미 어쩔 수 없이 얽혀 있다는 점을 말이다. 간디가 마리츠버그의 모욕을 잊을 수 없었던 이유는 그 사건이 그의 존재에 저항했기 때문이다. 그는 그 사건 이전에 이미 그럴 수밖에 없는 사람으로 자라고 있었다. 이미 그 존재의 깊은 심연 속에 '중재력을 가진 도덕적 정치가' 간디가 도사리고 있었고, 영혼 속에 '그것이 그의 운명'이라는 각인이 깊이 찍혀 있었던 것이다. 마리츠버그의 사건은 다만 미래를 암시하는 전령관이고 도화선이었다.

간디는 소년 시절에 셰이크 메타브라는 이슬람교도 청년과 친하게 지내면서 많은 영향을 받았다. 그의 설득에 넘어가 힌두 율

법을 깨고 육식을 하거나, 담배를 사기 위해 돈을 훔치거나, 매춘굴을 찾아가기도 했다. 간디는 그로 인해 심한 죄책감에 시달렸다. 돈을 훔친 다음 자살을 생각하기도 했고, 창녀 앞에서 몸이 굳어 아무 짓도 못하고 돌아와 심한 모멸감에 시달리기도 했다. 어려서부터 그는 유별나게 옳고 그름의 문제에 민감하게 반응했다. 또한 사람과 사람 사이의 관계를 풀어주는 중재력을 지니고 있었다.

사실 악기를 다루는 능력이나 수학적 천재성 혹은 남다른 운동 신경은 어려서도 쉽게 눈에 띄지만, 사람을 이해하고 사람 간의 문제를 효과적으로 해결하는 중재자로서의 자질은 어려서는 사람들의 눈에 잘 보이지 않는 능력이었다. 그러나 매우 다행스럽게도 '도덕적 중재력'이라는 간디의 선천적 특성은 어린 시절을 거쳐 오는 동안 잘 훈련될 기회를 가졌다. 아이들과의 관계에서 그는 자연스럽게 중재자의 역할을 맡게 되었고, 부모도 그의 남다른 재능에 강한 인상을 받았는지 도덕적 중재자의 역할을 하는 것을 기꺼이 허용해주었다. 그에게 친구들이나 가족 간에 발생하는 사회적이고 윤리적인 문제에 대해 나름대로의 대답을 마련해 갈 수 있는 재량권을 시험할 기회가 주어지면서, 그는 자신의 특성을 계발할 기회를 많이 가질 수 있었던 것이다.

마리츠버그의 사건은 이렇게 성장한 간디가 마주친 가장 결정적인 우연이었다. 그의 도덕심은 이 사건을 묵과할 수 없었다. 그리고 그의 중재자로서의 능력은 발휘되었다. 더욱이 그는 변호사였다. 어떻게 사건을 풀어야 할지, 무엇을 주장해야 할지를 알고 있었다. 어렸을 때부터 도덕심이 유난히 강했던 그는 그 일로 깊은 수치심과 모멸감을 느꼈다. 이어 영국 생활을 통해 인권과 교양이 몸에 익었고, 법률가로서의 자격을 갖춘 그는 그 사건에 반발하고 저항할 용기를 낼 수 있었다. 그는 마리츠버그 사건이 있은 다음 프리토리아에서 첫 번째 모임을 결성했다. 이렇게 정치적 활동이 시작되었고, 그는 그곳에서 작은 성공을 거두게 되었다. 인도인은 이제 옷차림만 적절하다면 일등실이나 이등실에서 여행할 수 있게 되었다.

우연한 사건이 갈무리된 그의 재능과 특별함을 건드렸고, 그는 대각성에 이르렀다. 간디는 우연을 맞을 준비가 되어 있었던 것이다. 그는 위대한 도덕적 정치가로서의 자신의 소명을 깨닫게 되었다. 그는 평범함을 넘어 위대한 종교적, 정치적 지도자가 될 수 있는 가장 기본적 조건인 '엄격한 자기 검열'에 특별히 민감했다. 프로이트 식으로 표현하면 초자아(super-ego)가 무척 강한 사람이었다. 성 아우구스티누스, 에이브러햄 링컨, 마틴 루서 킹 같은 위대한 지도자들은 어린 시절에 저지른 사소한 잘못까지도 오래도록 마음에 담아두고 수십 년이 지난 후에도 그 잘못을 보상하기 위해서 애쓴다. 다른 사람들은 사소하게 여기고 쉽게 용인하는 도덕적 옳고 그름의 문제가 이들에게는 대단히 중요한 문제가 되는 것이다. 간디 역시 위대한 지도자로서 반드시 갖추어야 할 도덕적 자기 검열이라는 특성을 어려서부터 계발해왔던 것이다.

사건이 사람을 이끌고 우연이 운명을 결정하는 것처럼 보인다. 그러나 사실은 그렇지 않다. 정신이 준비되어 있지 않다면 어떤 우연도 위대한 각성으로 이어지지 않는다. 제자가 준비되면 위대한 스승이 나타나듯, 사람이 준비되면 위대한 사건이 일어난다. 그 자체로 위대한 스승이나 사건이 존재하는 것이 아니다. 사람의 운명이 바뀌기 때문에 그 만남이 위대해지는 것이다. 우연의 얼굴을 가진 필연, 그 사람 자체가 바로 운명임을 홀연 깨닫게 해주는 위대한 떨림은 이렇게 맺어진다.

그 이후 그들은 평범함으로 되돌아가지 않는다. 이미 하나의 세계를 지나 더 높은 차원의 정신적 각성을 거쳤기 때문이다. 한 번 고양된 정신은 낮아지지 않는다. 그것이 현실 속에서 구현되지 않을 때 맞서 싸우지 못하는 자신을 스스로 결코 용납하지 않기 때문이다. 그들은 세상이 만들어주는 대로 사는 평범함을 넘어서기 시작한다. 그들은 세상을 바꾸고 싶어 한다. 위대함이 평범함 속에서 발아한 것이다. 소명이 그때부터 그들을 이끌기 시작한다. 그들은 크든 작든 하나의 영웅이 되어간다. 그리하여 자신만의 아름다운 별이 된다.

그렇다면 이 이야기는 간디만의 특별한 이야기일까? 이와 비슷한 일들이 다른 사람들에게도 일어날까? 물론이다. 아름다운 재단의 상임이사이며 인권변호사이기도 한 박원순이 특별한 길을 걷게 된 경우도 다르지 않다. 대학 신입생 때 그는 여느 대학생처럼 〈뉴스위크〉지를 끼고 다니며 멋을 부리고, 일주일에 두어 번 여학생과 미팅을 하며 사회학에 맛을 들이기 시작한 학생에 불과했다. 그러던 어느 화려한 봄날이었다. 저녁에 있을 여학생과의 미팅을 생각하며 도서관에서 책을 보고 있던 그는 밖이 소란하여 내다보았다. 밖은 시위가 한창이었는데, 경찰들은 시위하는 학생들을 무자비하게 진압하고 있었다. 경찰들에게 맞아 피투성이가 된 학생들이 잡혀갔다. 그저 젊은 혈기에 그는 이 대열에 가담하게 되었다. 그리고 다른 이들과 함께 체포되었다. 주동자들은 이미 도망간 상태였고, 단순 가담자에 불과한 그는 곧 나오리라 생각했다. 하지만 긴급조치 9호가 선포된 직후여서 일이 쉽게 풀리지 않았다. 결국 그는 학교에서 제적되었으며, 4개월 동안 교도소에 갇히게 되었다.

그런데 그 4개월이 그를 바꾸어놓았다. 거기서 그는 처음에는 험악하고 무서워 보였던 사람들이 오히려 착하고 약한 사람들이라는 것을 알게 되고 이해하게 되었다. 출옥한 후 그는 고시에 합격하여 검사 생활도 하고, 변호사 생활도 했다. 그러나 그는 법조계의 인물로 남지 않았다. 그는 이렇게 말한다.

"교도소의 경험이 없는 내 인생은 상상하기 어렵다. 교도소에 가지 않았다면 오늘의 내가 없었을 것이다. 나는 고시에 합격한 후 검사가 되었을 것이고, 지금쯤 검사장이 되었을지도 모른다. …… 그러나 나는 교도소를 경험하여 갇힌 자가 되었으며, 약자와 함께 보낸 추억이 있었기에 인생에서 늘 약자의 편이 되고자 했다. 그리고 역사의 중심에서 세상의 변화를 꿈꾸고 실천하게 되었다."

약한 사람에 대한 공감, 탐욕이라는 열차에서 뛰어내릴 수 있는 용기를 가진 그 역시 그 우연을 맞이할 준비가 되어 있었던 것이다. 그 역시 운명적 사건 이후 과거의 그로 되돌아가지 않았다.

20세기 가장 위대한 혁명가 중 한 명으로 꼽히는 체 게바라는 원래 의사였다. 하지만 20대 초반 의학도 신분으로 떠난 7개월간의 라틴아메리카 여행이 그의 삶을 완전히 바꾸어놓았다. 체 게바라가 거창한 목적을 가지고 여행을 떠난 것은 아니었다. 그는 고국인 아르헨티나 너머의 세계에 대한 호기심과 모험의 열정에 이끌려 친구인 알베르토 그라나도와 함께 중고 오토바이를 타고 여행길에 올랐다. 하지만 여행을 하고 난 후에는 삶의 가치관과 세계관이 완전히 바뀌었다. 그는 이 여행에 대해 기록한 《모터사이클 다이어리》에 다음과 같이 썼다.

"(여행에서 돌아와) 아르헨티나 땅에 다시 발을 딛는 순간, 이 글을 쓴 사람은 사라지고 없었다. 이 글을 다시 구성하며 다듬는 나는 더는 예전의 내가 아니다. '우리의 위대한 라틴아메리카 대륙'을 방랑하는 동안 나는 생각보다 많이 변했다. 그 깊이는 내가 생각하는 정도를 넘어서는 것이었다."

체 게바라가 여행을 통해 본 것은 무엇이었을까? 무엇이 과거의 그를 사라지게 했을까? 그는 여행길에서 우연히 칠레의 한 노동자 부부와 하룻밤을 보내게 되면서 그곳 사람들의 현실을 체험할 수 있었다. 추운 밤 담요 한 장 없이 부둥켜안고 자는 노동자 부부에게 그는 하나뿐인 이불을 건네주었다. 그는 당시 경험에 대해 "그것은 가장 추웠던 경험 가운데 하나지만 낯선 이 인류에게 좀 더 가까워진 느낌을 갖게 했다."고 말했다. 그는 그 여행에서 이런 장면들과 무수히 마주치면서 의사도 성직자도 아닌 혁명가로서의 길을 택하게 되었던 것이다.

우연의 모습으로 찾아오는 결정적인 순간들, 누구도 계획하지 않았지만 어느 날 느닷없이 찾아온 이 순간들을 우리는 '운명적 사건'이라고 부른다. 마치 누더기 옷을 걸친 신의 화신과의 조우처럼 앞으로 무슨 일을 하며 살아야 제대로 살게 될 것인지를 일깨우는 결정적인 단서가 되는 사건은 이렇게 우연의 모습으로 다가온다.

우연은 누구에게나 일어난다. 그러나 어떤 사람에게 그것은 우연이 아니라 필연적 만남이 된다. 성감대를 건드렸기 때문이다. 그 우연에 민감하게 반응할 태세가 되어 있지 않은 사람에게는 그 우연은 그저 우연으로 지나가고 말 것이다. 오직 그것을 받아들일 준비가 된 사람들만이 자신에게 다가온 우연을 인생의 변곡점으로 잡아둘 힘을 가지게 된다.

누구의 길이 옳은지의 문제가 아니다. 누가 어떤 계기로 자신만의 길을 찾아들게 되었는지를 우리는 알고 싶은 것이다. 힌두교를 믿는 사람들은 사람마다 그 사람만의 다르마(Dharma), 즉 운명이 있다고 믿고 있다. 그것은 벗어날 수도 없고 벗어나서도 안 되는 것이다. 우리의 다르마는 무엇일까? 그것을 알아낼 수 있는 가장 좋은 방법은 자신에게 주어진 어떤 우연한 순간을 결정적인 전환점으로 인식하는 것이다. 우리가 막연히 알고 있던 지식이 자신에게 구체적으로 적용되는 순간 우리는 체험하게 되고, 느끼게 되고, 깨닫게 된다. 말하자면 막연한 지식이 자신 안에서 구체적 체험으로 전환될 때, 우리는 각성하게 된다.

우연은 신의 영역일지 모른다. 그러나 그 우연에서 무엇을 느끼고 깨닫게 되는가는 인간의 영역이다. 마리츠버그의 간디가 그날의 사건을 개인적 모욕으로 갈무리하고 말았다면 우리가 아는 간디는 없었을 것이다. 4개월의 감방 생활을 재수 없었던 한때의 실수로 기억했다면 오늘의 박원순은 없었을 것이다. 그리고 7개월간의 여행을 통해 사람들이 살아가는 비참한 현장을 제 몸으로 체험하지 못했다면 혁명가 체 게바라는 만들어지지 않았을 것이다.

우연은 우연이 아니다. 우연은 우리를 어딘가로 이끈다. 그곳에서 생각지도 못했던 일을 체험하게 한다. 그리하여 그 일이 없었다면 그저 막연하고 피상적 지식에 그치고 말았을 지식을 '내가 연루된 직접적인 사건'에 적용하게 함으로써 위대한 지적 도약을 이룰 수 있게 하는 깨달음의 실험장으로 만든다는 것을 알게 된다. 그 일을 겪는 순간 우레와 천둥처럼 우주적 공명을 겪게 된다. 큰 길은 하늘이 정하고, 작은 길은 인간이 계획한다. 우리가 준비되면 우주는 모험을 떠날 수 있도록 사건을 만들어준다. 우연의 이름을 가진 필연으로 말이다.

| 내게도 이런 일이 일어났을까? |

그늘 체험, 단명한 직장인이 평생의 소명을 찾다

내게도 이런 일이 일어났을까? 지금의 내가 되게 한 내 인생의 마리츠버그 역, 그곳은 어디였을까? 간디의 이야기를 내 이야기처럼 읽어가면서 내면을 관통하여 흐르는 느낌을 그대로 내 인생에 대입해가며 나는 그 지점이 어디였는지를 찾아보았다. 정신의 지평이 넓어진 바로 그 지점, 지금까지의 '삶의 지평은 너무 좁아 더는 나의 영혼의 크기에 적합하지 않게' 된 그곳, 바야흐로 또 하나의 삶의 문턱을 넘어야 할 때, 내 존재가 운명처럼 저항한 바로 그 지점, 우연이 운명이 된 그 도약점 말이다.

1991년 나는 한국 IBM에서 경영혁신 팀장을 맡고 있었다. 기업의 메인스트림(mainstream)은 아니었지만 적성에 잘 맞는 일이었으므로 보람을 느끼며 일하기에 적합한 자리였다. 그러나 나는 반복되는 일과에 지루해하고 있었고, 새로운 도전이라고 할 만한 일이 없었다. 직장 생활 11년 차의 매너리즘이 나를 휘감고 있었다. 이때까지만 해도 나는 내가 하고 있는 일의 의미가 무엇인지 잘 몰랐다. 그것은 그저 매일의 일과고 월급이며 주어진 일에 불과했다. 맡은 일이 적성에 맞고 무난했기에 잘나가는 다른 부서를 일부러 선택하지는 않았지만, 다른 일이 주어진다 해도 묵묵히 새로 맡은 일을 하게 되었을 여느 직장인처럼, 나도 밥을 벌기 위해 주어진 일을 하는 월급쟁이에 불과했다. 소명 의식도 천직 의식도 가지고 있지 않았다.

당시 IBM은 변신과 혁신의 바람이 불고 있는 격동의 장이었다. 그런 회사에서는 자체적으로 혁신 전문가들을 다수 양성하려고 노력을 기울이고 있었다. 그러던 차에 나는 IBM 본사에서 아시아 태평양 조직의 경영 진단과 평가를 수행하는 심사관으로 일해보면 어떻겠냐는 제안을 받았다. 새로운 자극을 찾고 있던 나는 그 제안을 기꺼이 받아들였다. 그런데 제안을 받은 지 며칠 지나지 않아 급히 IBM 싱가포르의 경영 성과를 진단하는 심사 팀에 합류하게 되었다. 아무런 사전 교육도 받지 못한 상태에서 나는 심사의 과정을 현장학습하기 위한 옵서버의 자격으로 심사 기간 내내 그 현장에 앉아 있어야 했다.

그 며칠 동안 내 정신적 지평이 넓어지는 것을 느꼈다. 그때까지 10년 넘게 IBM에 다녔지만 세계와 만나는 진정한 글로벌 체험을 하지는 못했다. 이때 처음으로 나는 세계 속에 내가 들어와 있다는 것을 체감했다. 나는 그 팀에서 평가 모델을 제대로 훈련받지 못한 채 참석한 유일한 옵서버였으며, 가장 영어를 못하는 사람이었다. 그 누구도 나를 주목하지 않았으며, 그래서 나는 가장 어두운 그늘 속에 앉아 며칠을 보냈다. 마리츠버그에서 추위에 떨던 간디처럼 내게도 그 어두운 며칠이 새로운 전의를 불태우게 했다. 한국 IBM의 경영혁신 팀장이라는 좁은 경력의 세계를 넘어 더 넓은 경영혁신 분야의 차별적 전문가가 되고 싶었다. 그때 자연스럽게 '업(業)'에 대한 새로운 지평이 펼쳐지게 되었던 것이다. 그동안 나는 너무나 좁은 내 명함 속의 직책과 직위에 갇혀 있었다. 이때를 계기로 나는 일에 대한 확장된 정의를 갖게 되었다.

그날 이후 나는 더 이상 월급쟁이가 아니었다. 월급쟁이의 생각과 태도를 버렸다. 한국 IBM의 경영혁신 팀장은 이제 내 직업의 정체가 아니었다. 그 대신 나는 한국 최고의 변화경영전문가라는 새로운 이름으로 내 존재를 재정의하게 되었다. 이 분야에서 나는 유명해지고 싶었다. 나는 단순한 직장인에서 진정한 직업인으로 도약했다.

며칠 동안 경험한 '그늘 체험'을 통해 내 가슴에 '변화경영전문가'라는 비전이 자리 잡게 되었고, 단명한 직장을 넘어 평생의 직업을 바라보게 되었다. 비로소 인생 전체를 관통하는 큰 경력의 그림을 섬광처럼 그리게 되었다. 꿈을 가지게 된 것이다. 한국 최고의 변화경영전문가라는 목표가 생기게 되자, IBM 경영혁신 팀장이라는 좁은 정의에 갇혔던 과거는 사라졌다. 나는 새로운 세상을 향한 열정으로 일에 달려들었다. 더 많은 책을 읽고, 더 많은 실험을 하고, 더 많은 사례를 연구했다. 그중에서 인상적인 것들을 변형하여 회사에 적용해보기도 했다. 내 머리는 실험 정신으로 가득했고, 내 가슴은 의욕으로 불타올랐다. 진지하게 몰아붙이기도 했고, 더 많은 자료를 제시하기도 했으며, 더 재미있는 변화를 현업으로 끌어들였다. 팀원들과 책을 번역하기도 하고, 경영혁신 팀의 새로운 비전을 창조하기도 했다. 새로운 '업'의 정의에 따라 목표가 분명해지자 현업에 대한 자율성의 강도도 그만큼 더 강해졌고, 애정도 깊어졌다. 당시 나는 자신의 일에 가장 열정적이고 헌신적인 직원이었을 것이다. 모든 것이 그 초라한 '그늘 경험'에서 얻은 깨달음 때문이었다.

인생 전체에 걸친 경력의 큰 그림이 그려지자 현업이 전체 중에서 어떤 위치를 차지하는지, 그것은 전체 경력에 어떠한 의미를 부여하는지 조망해볼 수 있게 되었다. 자연스럽게 현업은 시대를 앞서 꿈꾸는 내가 되기 위해서 지금의 나를 모두 바쳐야 하는 수련 과정으로 여겨졌다. 현장에서 관련 업무를 매일 연마할 때 잠재적 능력이 계발되는 것을 실감했다. 운동선수나 연주자가 엄격한 수련 계획에 따라 연습하고 콘테스트를 통해 그동안 이룬 성과를 겨루어보듯이, 나도 스스로의 자율적인 수련 계획에 따라 현장에서 매일 나를 실험해보았다. 이것이야말로 '훈련을 실전처럼, 실전을 훈련처럼' 치러내는 힘을 키워냈다.

나는 그동안 '어제보다 아름다워지려는 사람을 돕습니다.'라는 비전을 가지고 일해왔다. 평범하기 이를 데 없는 사람들 속에서 잠재력을 발견하고 그것이 커나가 그 사람만의 꽃으로 피어나도록 도와주는 사람이 되었다. 그것이 내게 주어진 우주적 소명임을 깨달았다.

나는 간디나 체 게바라처럼 크고 빛나는 별은 아니다. 나는 작은 별에 불과하다. 그러나 '그 자리에서 빛나야 할 운명을 가진 별'이다. 사람은 모두 별이다. 자신의 내면에 커다란 빛을 품고 있으면서도 아직 때가 이르지 않아 장막으로 빛이 가려진 별들, 이 평범한 별들을 찾아 자신의 이야기를 창조해냄으로써 빛날 수 있도록 도와주는 도움별, 그 별이 바로 나임에 틀림없다.

깨우침 둘

야생의 재능이 나를 부를 때

두 번째 이야기는 재능이 감응할 때 망설이지 않고 따라 나서는 이야기다.
문득 어떤 일이 나를 건드릴 때, 한순간 폭포수처럼 내면의 에너지들이 분출될 때, 그리하여
신이 내 속에 감춰둔 재능이 그 일에 감응할 때는 망설이지 마라.
그 길을 따라 나서라. 마사 그레이엄은 열일곱 살에 자신의 길을 찾았다.
단 하나의 포스터, 단 한 번의 공연으로 그녀는 온 마음과 몸을 헌신할 천직을 찾았다.
재능이 공명하는 곳, 한 번도 계발되지 않은 야생의 재능이 밖으로
나오려고 외칠 때, 그 소리를 들어주어야 한다.

춤추는 여신과의 마주침 – 마사 그레이엄

> 진실한 삶을 사는 사람은 신의 이름으로
> 자신에게 주어진 재능을 흙 속에 묻어두지 않는다.
> — 니콜라이 고골

그날은 내 인생의 가장 위대한 순간이었다. 그날은 환희에 가득 차 있었다. 내 몸이 그 찰나에 반응했고, 나는 참을 수 없었다. 마치 신이 내 몸에 내린 듯했다. 그 순간이 나를 그 손아귀에 꼭 움켜쥐었다. 나는 꼼짝할 수 없었다. 아, 두 개의 눈동자가 도중에서 딱 마주친 것 같은 전율, 순식간에 마법에 빠져 어쩔 수 없는 상황, 내게 그 순간은 바로 그러했다.

1911년 4월의 어느 봄날이었다. 나는 그때 열일곱 살이었다. 로스앤젤레스 오페라 하우스 앞에서 문제의 포스터를 보게 되었던 것이다. 그 공연 포스터에서 그녀는 금빛 팔찌를 끼고 여신처럼 화려한 옷을 입고 있었다. 책상다리를 하고 앉아 있었는데, 동양의 신비로 가득했다.

나는 아버지에게 공연에 데려가 달라고 부탁했다. 아버지는 의사셨고, 우리에게 늘 잘해주었다. 아일랜드 이주민의 자손으로 미국 생활을 시작한 아버지는 억세고 거친 기질을 물려받았지만 우리를 위해 음악을 연주하고 노래를 불러주곤 하셨다. 아버지는 흔쾌히 내 말을 들어주셨다. 아버지는 그것이 이 딸의 운명을 가르는 순간임을 감지하셨던 것일까? 아버지는 내게 바이올렛 코르사주도 선물해주셨다. 나는 그것을 오랫동안 간직했다. 그 옷을 볼 때마다 나는 그날의 공연을 떠올린다. 그날이 바로 나를 바꾼 날이기 때문이다.

포스터 속의 주인공인 루스 세인트 데니스는 무대를 휘어잡았다. 그녀는 인도의 여신으로 등장하여 홀로 춤추며 무대를 장악했다. 나는 그 매혹적인 모습에 넋을 잃었다. 그녀는 장엄했다. 오랫동안 엄격한 청교도 가법으로 훈련된 신앙심 깊은 내게 그 장엄함은 그대로 온몸 안으로 쏟아져 들어왔다. 그녀는 신의 이름으로, 신의 모습으로, 신의 섬광 같은 위용으로 나를 압도했다. 화려한 옷차림은 격렬하고도 거친 나의 기질을 풍랑처럼 흔들어댔다. 더욱이 춤추는 여인의 표정이, 풍부한 눈은 다소 침울하지만, 몽환적인 나의 기질에 사정없이 불길을 당겼다. 나의 모든 세포가 일어서고, 나의 모든 기질이 도발하고, 나의 모든 재능이 솟구쳐 당장 벌떡 일어서서 여신처럼 춤추기를 원했다.

그 순간 내 운명은 결정되었다. 열일곱의 나이에 나는 내가 평생 무엇을 해야 할지 깨닫게 된 것이다. 나는 그 순간이 얼마나 분명하고 명료한 순간이었는지 너무도 확연하게 알고 있다. 온 우주가 공명하듯 내게 몰려들었기 때문에 그것은 번개처럼 분명한 섬광이고, 추호도 의심할 수 없는 계시였다. 그동안 내가 무엇을 잘할 수 있는지 몰랐다. 그러나 그 춤을 보는 순간 내 속에 감추어져 있던 가장 나다운 것들이 요동을 쳤다.

나는 태어날 때부터 춤꾼이었고, 춤추며 살게 운명 지어졌으며, 춤이야말로 내 기쁨과 즐거움이며 우주적 역할이라는 것을 너무도 분명하게 깨닫게 되었다. 이 확연한 깨달음, 너무도 분명한 내적 공명, 열일곱의 내가 맛본 그 판타지는 내 영혼에 찍힌 각인이었다. 너무도 뜨겁고 너무도 강렬하고 황홀하여 모든 것을 잊게 하는 감격이었던 것이다. 바람과 매가 부딪히듯 아무 소리도 없이 나는 푸른 하늘을 솟구쳐 오르는가 하면, 지금껏 한 번도 오른 적이 없는 높은 곳에서 이 세상을 바라보게 되었다. 한 번도 그렇게 쳐다본 적 없는 이 세상을 말이다. 어쩌면 나는 낚싯바늘에 단단히 입이 걸린 고기 같았다.

춤은 그렇게 그날 내게 찾아왔다. 내 재능과 내 기질의 모든 지원을 받으며 커다란 나팔을 불어 내 영혼을 깨우면서 말이다. 나는 그 순간 결정되었다. 여신처럼 춤추는 것을 더는 기다릴 수 없었다.

하지만 아버지는 내가 무용가가 되는 것을 원치 않으셨다. 엄격한 청교도인 부모님은 몸의 아름다움과 자유로운 표현에 혐오감을 가지신 것 같았다. 다만 내가 너무도 바랐기 때문에 부모님은 교양 교육을 받는 동시에 예술적 관심을 추구할 수 있는 컴노크 학교에 다닐 수 있도록 허락하셨다. 나는 이 학교의 자유로운 분위기에 만족했다.

그 후 3년이 지났다. 스무 살이 되던 해에 아버지가 갑자기 심장마비로 돌아가셨다. 아버지를 좋아한 나는 매우 슬펐지만 내 마음대로 인생을 펼쳐 나갈 수 있는 자유를 얻었다. 아버지는 내게 자유를 주고 떠나신 것이다. 2년 후 나는 스물두 살의 나이로 로스앤젤레스에서 유일한 무용학교인 데니숀에 입학했다. 그곳은 나를 감동시킨 루스 세인트 데니스가 테드 숀과 함께 만든 학교였다. 스물두 살, 무용을 하기에는 너무도 늦은 나이였고, 나는 작고 유연성이 떨어지는 보잘것없는 몸을 가지고 있었다.

어느 날 선생인 숀이 조용하고 수줍음이 많은 내가 어떤 동작을 잘 못하는 것을 보고, "무용을 보고만 있어."라고 언짢은 말을 했다. 나는 발끈해 "할 줄 알아요."라고 항의했다. 그렇다. 나는 다른 사람들이 춤추는 것을 보기만 해도 그 몸놀림을 완전히 터득할 수 있었다. 더욱이 나는 정말로 열심히 연습했다. 밤늦게까지 연습하기 일쑤였다. 그리고 나를 가혹하게 채찍질했다. 아주 어려운 자세와 기술을 놀라울 만큼 빨리 익혔다. 점점 더 나는 나에 대해 확신을 가질 수 있었다. 내 분야를 이렇게 빨리 터득할 수 있고, 이것을 하면 지칠 줄 모르고, 누구보다 열심히 해낼 수 있다는 것 자체가 내가 춤꾼이라는 것을 입증해주는 가장 확실한 증거였다. 나는 빛났다. 그리고 기회가 내게 몰려들었다.

피할 수 없는 나의 길을 걸어라

현대 무용계에 혁명의 바람을 몰고 온 마사 그레이엄은 1911년 4월 로스앤젤레스 오페라 하우스에서 운명적인 만남을 한다. 그곳에서 루스 세인트 데니스라는 무용가의 포스터를 보게 된 것이다. 힌두교의 주신(主神) 크리슈나의 연인인 라다로 분한 세인트 데니스가 금빛 팔찌를 끼고 옥좌 모양의 단상에 책상다리를 하고 앉아 있는 빛나는 모습에 그녀는 도취하게 된다.

포스터와의 만남, 얼마나 하찮은 간접 만남인가! 그러나 이 만남으로 그녀의 인생은 다른 사람들이 걸어가는 평범한 길에서 모험의 길로 들어서게 된다. 포스터와의 만남은 그녀를 춤의 세계로 더 가까이 끌어당긴다. 아버지를 졸라 보게 된 공연에서 열일곱 살의 그레이엄은 장엄하고 화려한 옷을 걸치고 풍부한 표정으로 무대를 휘어잡는 데니스의 춤에 혼을 빼앗기게 된다. 그녀는 말한다.

"그 순간 내 운명은 결정되었다. 나는 여신처럼 춤추는 것을 더는 기다릴 수 없었다."

다른 사람들보다 무용을 늦게 시작한 마사는 신속하게 자기 분야를 숙달해 나갔다. 그리고 서른이 다 되었을 즈음 그녀는 마음을 정했다.

"나는 정상에 오를 것이다. 누구도 나를 막을 수 없다. 나는 홀로 그 길을 갈 것이다."

그 후 그녀는 자기만의 욕망과 가치를 담은 무용을 시도했고, 오랫동안 마음에 담아둔 꿈을 방해하는 모든 것에 저항했다. 그녀는 화려한 장식을 떼어내고 엄격한 검소함과 투박한 몸짓으로 평범한 사람들의 삶을 다루었다. 종종 그녀는 오해를 받기도 했다. "고전무용에 무지하고 추한 형식과 증오에 찬 정신으로 몸을 사용한다."는 비난도 받았다. 하지만 그녀는 약속대로 자신만의 무용을 만들어냈다. 존 마틴이라는 당시의 무용 평론가는 그런 그녀에 대해 이렇게 말했다.

"그녀의 무용에는 열정과 항의가 생생하게 담겨 있다. …… 그녀는 무용가로서 용서받지 못할 짓을 한 셈이다. …… 관객으로 하여금 생각하게 만든 것이다."

그레이엄은 거의 혼자 힘으로 현대 무용을 창조해낸 셈이다. 우연히 그녀가 푸른 물감에 붉은 물감을 피 튀기듯 칠한 칸딘스키의 그림을 보는 순간 춤의 이미지에 대한 해답을 얻게 되었다고 한다. 응축된 점과 선이 일렁이며 하나의 화폭 안에서 내면이 긴장하여 움직이는 그림을 보는 순간, 그녀는 이 그림처럼 춤을 추어야겠다고 마음먹었다. 그녀의 꿈이 오랜 진화 과정을 거치며 결국 아름답게 채색되기 시작한 것이다.

꿈은 현재라는 점이 하나의 선으로 일렁이며 미래로 나아가게 한다. 그리고 인생이라는 화폭을 모험이라는 위대한 긴장의 울림으로 가득하게 만든다. 천복에 이르는 업을 찾을 때는 재능을 나침반으로 삼아야 한다. 마사 그레이엄뿐 아니라 자신의 길을 찾아낸 수많은 인물들은 모두 비슷한 체험을 한다.

열정적이며 모험을 좋아하는 용감한 한 젊은 인류학자가 스물두 살에 남태평양의 원시 부족을 찾아 떠났다. 인류학자에게는 그 원시 부족이 학문적 일가견을 내세울 연구의 바탕이 되었기 때문이다. 그 사람은 여자였다. 마거릿 미드는 이렇게 사모아 섬을 탐사한 후 쓴 첫 번째 저서 《사모아인의 성년》으로 20대에 이미 유명해졌다. 이 책은 학문적으로도 중요한 성과였지만, 일반인에게도 선풍적인 관심을 불러 모았다. 이 책의 성공으로 1929년 이후 대공황 속에서도 그녀는 경제적으로 자유롭게 활동할 수 있는 극소수에 속하는 행운을 얻을 수 있었다. 책 한 권으로 인생의 일대 전환과 도약을 이룰 수 있었던 것이다.

이 책은 전혀 딱딱하게 쓰이지 않았다. 그녀는 연구실에서 고리타분한 논문을 쓰는 취향이 아니었다. 전문 용어, 각주, 이론적 틀로 치장된 학술 용어는 이 책 어디에도 없었다. 유려한 문장으로 써 내려간 소설처럼 읽혔다. 첫 장에는 '사모아에서의 하루'라는 전원적인 제목이 붙었다. 글은 이렇게 시작한다.

> 하루의 일과는 새벽에 시작된다. 여명까지 달이 하늘에 떠 있을 때는 새벽이 다가오는 언덕 너머로 남자 아이들의 외침이 들려오기도 했다. 귀신들이 우글거리는 밤, 불안에 떨던 그들은 일터로 서둘러 나가면서 서로를 불렀다.

젊은 미드가 어떻게 대중적 관심과 인기를 얻게 되었는지를 보여주는 문장이다. 다중지능이론의 대가인 하워드 가드너는 그녀에 대해 간명하지만 통찰력 있는 관찰을 해두었다. 그에 따르면, 그녀의 가장 돋보이는 재능은 일상생활의 예리한 관찰자로서 특정 문화권을 자세히 살핀 후 패턴을 파악하고 그것을 생생하고 암시적으로 그려내는 것이다. 그녀는 사례들을 적절히 활용하여 날카로운 직관력으로 미국 사회를 진단했다. 현지 탐사를 통해 미드는 사모아의 청소년은 서구의 청소년들과 다르다는 것을 밝혀냈다. 사모아의 청소년들은 휴식과 성적 유희를 즐기고, 서구의 소년들처럼 금욕에 대한 강요나 로맨스에 대한 꿈, 오이디푸스 콤플렉스 같은 부담 없이 훨씬 더 자유롭고 느긋하고 단순한 시절을 보낸다는 것을 알아냈다. 그녀는 미국인들에게 다른 문화권에 있는 사람들의 삶의 방식에도 눈을 돌려봄으로써 미국인들의 삶과 교육 문제에 대한 개선책을 찾아보라고 촉구했다. 결국 그녀는 미국인들뿐 아니라 전 세계인에게 새로운 이야기, 새로운 텍스트를 제공했다. 첫 번째 도약은 그녀의 첫 책이었다. 권위에 묶이지 않는 자유로운 에너지가 유려한 문장으로 피어날 때 그녀는 그 분야에서 무서운 잠재력을 가진 젊은 학자로 부상했다.

미드의 또 다른 특징적 재능은 적극적으로 모험을 받아들이고 기존의 권위에 도전하지만 동시에 사회 친화적인 기질을 보인다는 것이다. 그녀의 말로는 몇 개월에 한 명씩 새로운 친구가 생겼고, 일단 친구가 되면 결코 결별하는 일이 없었다고 한다. 그녀는 의견이 다른 집단들을 연설을 통해 설득하는 재주가 뛰어났고, 자칫 적대적 관계가 될 수 있는 사람들을 단합시키는 재치 있는 아이디어를 제시할 줄 알았다. 에너지가 넘쳤으며, 수많은 인생의 복잡성을 포괄할 수 있는 지적 능력을 지니고 있었다. 그녀는 스스로 "나의 인생은 조각들로 구성되어 있으며, 각각의 조각은 특정한 다른 사람과 공유되어 있어 그 특별한 관계들이 모여 온전한 나를 느끼도록 한다."고 말했다. 그녀의 성공은 계속되었다. 2차 세계대전 후 대중의 인기를 얻고 있으면서 사회과학 분야에서 가장 영향력을 발휘한 인물 중 그녀는 열 손가락 안에 끼곤 했다. 명실공히 미국인들의 감정과 생각, 그리고 행동에 영향을 준 학문적 리더였다.

하워드 가드너는 리더십에 대한 특별한 정의를 가지고 있다.

그에 따르면, 리더십이란 신비로운 카리스마를 가지고 사람을 통솔하거나 다루는 기술이 아니다. 그것은 '타고난 재능이 적절한 사회 문화적 조건 속에서 연습되고 다듬어진 훈련된 능력'이다. 결국 그의 정의에 따르면, 리더로서의 성공은 명성과 돈 또는 권력을 얻는 것이 아니라, 타고난 재능을 비범하게 발전시켜 세상에 자신을 드러내는 것이다. 마거릿 미드 역시 그녀가 가지고 있는 두드러진 지능들, 즉 뛰어난 관찰력을 통해 패턴을 파악하는 지능과 말과 글을 유려하게 다룰 수 있는 언어 지능, 그리고 다른 사람들의 감정을 이해하고 공감하고 설득할 수 있는 사회 친화적인 지능을 고도로 강화시켜 인생을 도약시켰다. 가드너는 성공하고 싶다면, "당신의 독특한 점을 이로운 축복이 되도록 만들어라. 많은 경험을 쌓아라. 그리고 그것을 가장 긍정적인 방법으로 계발하라."고 조언한다. 인생의 목표는 경쟁에서 승리하는 것이 아니다. 주어진 능력이 허락하는 범위 내에서 그것을 최대한 활용하여 빛나게 하는 것이다.

평범함에서 비범함으로의 도약은 자신의 재능과 특별한 기질이 적합한 조건 속에서 개화할 때 만들어진다. 마사 그레이엄이나 마거릿 미드만 그런 것이 아니다. 작가인 버지니아 울프는 문학사에 이름을 남겼다. 그러나 개인적으로 그녀는 불행한 어린 시절을 보냈고, 정신장애를 가지고 있었다. 나이가 들어서도 그녀는 성적인 문제와 정신 질환으로 자주 우울증을 앓았으며, 극도의 불안정한 상태에 빠지기도 했다. 그 속에서 그녀는 깊이 내면으로 들어가 다른 사람들과는 다른 방식으로 자신을 이해했다. 그리고 그 내면 탐험을 글로 썼다. 결국 그녀의 삶은 언어를 통해 이루어졌다.

피카소는 화가로서 천재적인 재능을 가지고 태어난 사람이다. 그러나 그의 다른 지능은 매우 뒤떨어져 정상인이 아닌 수준에 머물고 있었다. 학교를 혐오했고, 결석을 자주했다. 학업의 진도를 따라갈 수도 없었다. 읽기와 쓰기가 어려웠고, 특히 숫자는 그에게 아무런 의미도 전달해주지 못했다. 특이하게도 그에게 숫자란 수량을 나타내는 상징이 아니라 시각적 무늬로 인식되었다. 예를 들어 0은 비둘기의 눈, 2는 비둘기의 날개로 받아들였다. 만일 그가 어려서부터 그림이라는 재능의 분출구를 찾지 못했다면 그의 인생은 비참했을 것이다.

재능에 대한 이야기가 나오면 사람들은 늘 천재들의 이야기부터 시작한다. 그러나 재능은 천재들의 이야기가 아니다. 그것은 보통 사람들의 이야기다. 샤를 피에르 보들레르는 예술가의 천재성에 대해 이렇게 말한 적이 있다.

"예술가의 천재성이란 의지로 되찾은 유년기, 이제는 스스로를 표현할 수 있는 어른의 육체적 능력을 갖춘 유년기, 그리고 무의지적으로 축적된 경험의 총합에 질서를 부여하는 분석적인 능력을 갖춘 유년기."

보들레르는 아이를 예술가로 본 것이 아니라 아이의 눈을 가진 어른이 예술가라고 규정한 것이다. 그러니 천재로 태어나는 것이 아니라 천재로 만들어진다는 말이 더 옳을 것이다. 자신에게 주어진 소박한 재능이라도 소중히 여기고 발전시켜온 사람들이 바로 평범함에서 위대함으로 도약한 사람들이다. 좀 더 친숙한 우리 주변의 이야기로 옮겨가 보자.

"뒷산에서 자주 찾아볼 수 있었던 여우는 사라졌다. 밭종다리 같은 조그만 새는 눈을 씻고 찾아보아도 보이지 않는다. 논밭에서 울던 섬휘파람새는 어디로 갔을까? 민둥산으로 변해가는 처량한 산만큼이나 내 마음도 처량해졌다."

조류학자 윤무부는 거제도 장승포 섬마을에서 태어났다. 그의 눈에는 변해가는 고향의 모습이 점점 사라지는 새의 숫자로 이해되었다. 그는 바다와 산, 어디서나 새를 접할 수 있는 자연에서 자라났고, 그 환경적 조건은 그가 가지고 있는 자연 친화력이라는 특별한 지능을 발현하도록 자극했다. 그는 평생 새를 연구하며 살았다. 전국 각지를 떠돌며 새 사진과 새소리를 채집했다. 그의 노력은 한국의 조류 연구에 귀중한 자료가 되었다.

성공은 재능을 얼마나 많이 가지고 태어났느냐에 달려 있지 않다. 그것은 카드 게임과 같다. 패는 주어지는 것이다. 좋은 패도 있고 나쁜 패도 있다. 주는 대로 받을 수밖에 없다. 그러나 우리는 카드 게임에 참가한 플레이어로 주어진 패를 가지고 이기기 위해서, 혹은 즐기기 위해서 최선을 다해야 한다. 재능은 주어진 대로 받을 수밖에 없다. 그것은 신의 영역이다. 그러나 받은 재능을 다 쓰고 가야 하는 것은 인간의 책임이다. 그리고 위대함이란 받은 탤런트의 크기가 얼마가 되었든 받은 만큼 다 쓰고 갈 때 찾아온다. 미국의 대통령이었던 루스벨트는 이것을 아주 멋지게 표현했다.

"성공한 보통 사람은 천재가 아니다. 평범한 자질을 가지고 있었을 뿐이다. 그러나 그 평범함을 비범하게 발전시킨 사람이다."

평범함이란 없다. 그것은 아직 속에 있는 것이 개화하지 않았다는 것을 지칭하는 말이다. 그것이 터져 나올 때 누구나 비범함으로 도약할 수 있다.

| 내게도 이런 일이 일어났을까? |

두 번째 인생, 다시 일어나 글을 쓰다

단테의 《신곡》은 이렇게 시작한다.

> 인생의 중반에서
> 나 올바른 길을 잃고
> 어두운 숲 속을 헤매었네.

나는 이것의 이탈리아어를 찾아본다.

> Nel mezzo del cammin di nostra vita
> mi ritrovai per una selva oscura
> che la diritta via era smarrita.

큰 소리로 읽어본다. 낯선 언어가 어눌하게 입 안에서 맴돌다 띄엄띄엄 쏟아진다. 나는 여러 번 읽어본다. 점점 익숙해진다. 그리고 알 수 없는 이국적 풍취 속에서 단테가 살아난다. 나는 이탈리아어를 모른다. 그러나 그 억양의 아름다움이 느껴진다. 언어는 인간의 감정이다. 그리하여 단테의《신곡》첫 행은 내 인생 최초의 이탈리아어가 되었다.

단테의 표현 그대로 나는 '인생의 중반에서 길을 잃었다.' 이 시는 그대로 내 마음으로 안겨왔다. 1997년 여름, 나는 한 달 동안 단식을 했다. 회사에는 휴가를 내었다. 다행스럽게 상사는 내 이야기를 들어주고 나를 이해해주었다. 그가 찬동해주지 않았다면 나는 그렇게 긴 휴가를 얻지 못했을지도 모른다. 지금 생각해보면 지나온 인생의 도처에 고마운 사람들이 참 많았다.

인생의 갈림길에서 나는 늘 차선책을 선택했다. 밥이라는 절체절명 앞에서 나는 늘 현실을 선택했던 것 같다. 한 달의 단식, 그것은 밥에 매이지 않고 세상을 한번 마음먹은 대로 살아보고 싶어 시작한 나의 성전(聖戰)이었다. 포도만 먹는 단식이 일주일째로 접어들었다. 그날 새벽 4시에 나는 눈을 떴다. 왜 그때 눈이 떠졌을까? 아마 배가 고파서였을 것이다. 잠은 다시 오지 않았다. 여름 새벽을 아무 생각 없이 뒤척였다. 여름 태양이 떠오르고 내가 누운 방 안으로 햇살이 기어들었다. 점점 방 안으로 들어와 내가 누운 곳을 비추고 이윽고 나를 넘어 지나갔다. 그때 알 수 없는 눈물이 흘렀다. 이 빛나는 날 내게는 오늘을 마음대로 할 자유가 주어졌으나 나는 오늘을 보낼 아무런 계획도 없었다. 나의 하루가 속절없이 흘러가겠구나. 그렇게 내 인생도 가뭇없이 사라지련만 나는 인생의 절반 지점에서 아무것도 할 수 없구나. 이렇게 환한 낮이 밝아오는데 시체처럼 방 안에 누워만 있구나. 눈물이 볼을 타고 흘렀다.

그때 마음속에서 외치는 소리가 들렸다. '일어나 글을 써라. 너는 글을 써보고 싶지 않았느냐?' 내 속에서 무언가가 소리쳤다. 그 소리가 너무 커서 일어나 앉아 글을 쓰기 시작했다. 그때가 마흔세 살이었다. 그전까지 글을 써본 적이 없었다. 그저 언젠가 변화에 대한 책을 꼭 한 권 쓰고 싶다는 바람이 여러 해 동안 있었으나 실천하지 못하고 있었다. 그 후 6개월이 지나서 나는 한 권의 책을 마무리하게 되었다. 그 책이 바로 《익숙한 것과의 결별》이다. 그 책은 운이 좋았다. 그 책 덕에 나는 1990년대 가장 사랑받는 작가의 반열에 오르게 되었다. 그렇게 두 번째 인생이 시작되었다

그날 그 아침이 내 인생의 분기점이었음을 의심하지 않는다. 그날이 바로 내게는 마사 그레이엄이 루스 세인트 데니스의 포스터를 본 날이고, 그녀의 춤을 격정 속에서 관람한 날이기도 하다. 그때 내 마음속에 깊이 감추어져 한 번도 훈련받지 못한 야생의 재능이 온 힘을 다해 외치고 있었고, 다행히 나의 의식이 그 외침

을 들을 수 있었던 것이다. 바로 나의 그날이 단테에게는 그가 《신곡》의 첫 문장을 시작한 날이었을 것이다. 본인에게는 너무도 확실하고 너무도 분명한 인생의 분기점에서, 나는 재능이 내게 보낸 메시지를 정확히 수신했다. 그 여름의 그 햇빛, 그 눈물, 그 기쁨을 나는 생생히 기억하고 느끼고 들을 수 있다. 내게는 너무도 선명한 기억이므로. 감춰져 있고, 한 번도 제대로 쓰인 적이 없는 그 평범한 재능이 세상에 외친 그날 새벽, 나는 글을 쓰기 시작했다.

나는 늘 쓴다. 그렇지만 내가 작가라는 현실을 받아들이는 데는 10년이 걸렸다. 10년 동안 열 권이 넘는 책을 써왔지만 내가 작가라고 불릴 수 있는지에 대해 마음 깊은 곳에서 의구심이 올라왔다. 스스로 작가라고 부르는 것이 불편했다. 이유는 잘 알 수 없었다. 처음에는 '작가는 곧 문인'이라는 공식이 생각보다 뿌리 깊은 편견으로 자리 잡고 있어서인가 보다 했다. 글을 쓰긴 하지만 문학을 하는 것은 아니니 작가(作家), 말 그대로 '이야기를 만들어내는 사람'이라고 부를 수는 없을 것이라는 생각이 내 의식의 밑바닥에 있었던 것이라고 생각했다. 10년이 지나면서 내 생각은 바뀌었다. 내가 작가가 아니면 그럼 무엇이란 말인가? 매일 글을 쓰고, 매년 책을 내고, 끊임없이 이야기를 하는 내가 작가가 아니면 누구란 말인가? 글을 쓰기 시작하고 10년이 지나서 나는 나를 작가로 받아들였다.

나는 새벽에 글을 쓴다. 그것이 습관이 되었다. 새벽은 혼자 있기 좋은 시간이다. 새벽은 명징하지만 나는 새벽에 늘 불가능한 것을 꿈꾸고 그것을 믿는 훈련을 한다. 글은 그런 사고의 표현들이다. 글과 나 사이는 종이와 펜 같은 관계다. 종이는 펜이 흘러가는 것을 마다하지 않는다. 글도 내가 흘러가는 것을 마다하지 않는다. 내게 글은 강과 같다. 나는 새벽에 작은 보트 하나로 그 강을 따라 내려간다. 아무도 없다. 혼자이기에 그동안 보지 못했던 것들을 볼 수 있다. 나는 두려워진다. 동시에 세속에서 배웠던 모든 것을 버리고 나는 새로워지는 경험을 한다. 아무에게도 말할 필요가 없다. 이때 나는 혼자이기에 내 말을 들어줄 누군가가 꼭 옆에 있는 것은 아니다. 그러나 혼자이기에 나를 둘러싼 모든 것에게 말을 걸고 그들의 소리를 들으려 한다. 의식이 강물을 따라 흘러가는 동안 온갖 것을 창조해낸다. 새로운 것들이 강물 속에서나 강가의 나무와 풀숲에서 두 눈을 반짝이고, 물고기가 한 마리 물 위로 튀어 오르기도 한다. 이때 나는 내 무의식과 만난다.

세상은 원소로 만들어져 있는 것이 아닌지도 모른다. 종종 나는 세상이 이야기들로 만들어졌다는 것을 정말로 믿기도 한다. 누구나 자신의 이야기, 즉 자신이 주인공인 신화 하나를 만들어 갖기를 바란다. 매일 아침 나는 스스로 훈련한다. 아침에 일어나 불가능한 일 하나를 꿈꾸기 시작한다. 그것은 어제 꾸었던 꿈의 연장일 때도 있고, 불현듯 떠오른 다른 꿈이기도 하다. 어쨌든 나는 현실이 아닌 비현실 하나를 믿는 훈련을 해본다. 내 마음대로 해볼 수 있는 세상 하나를 창조해보는 연습을 한다. 그러면 나는 훨씬 괜찮은 글을 쓸 수 있게 된다. 이상하지만 이런 정신적 근육의 훈련이 나를 젊게 만든다. 젊은 사람들이 부르는 노래를 따라 부르지 않아도 열린 마음을 가진 젊은 정신을 가지고 있다는 것을 믿게 된다.

나는 결국 작가가 되었다. 13년 동안 17권의 책을 썼다. 늘 스스로에게 '지금 내 마음을 흔드는 최고의 관심사'에 대해 책을 쓰라고 주문해왔다. 나는 내 책의 주제에 마음을 빼앗긴 최초의 독자이기도 했다. 내 책의 최초의 독자가 나라는 사실을 나는 늘 고맙게 생각하고 즐거워했다. 그러나 책 한 권이 나오면, 더 확실해지는 것이 아니라 여전히 불확실한 곳에 서 있곤 한다. 그런데도 내 책은 내게 미지의 길에 대한 하나의 이정표 같은 것이었다. 가보지 않은 길에 대해, 때때로 길도 없는 곳에 한참을 서서 망설이다 마음속에 스스로 팻말 하나를 쾅쾅 박아두고 떠나야 하는 삶의 나그네, 그것이 바로 나라는 생각이 들곤 했다.

나는 내 비즈니스의 영역을 규정했다. 나는 '이야기를 파는 사람'이다. 더 정확히 말하면 불가능한 이야기들을 사람들이 믿게 만들수록 내 비즈니스는 번창하게 된다. 이것이 내 정체성이다. 그러나 나는 순수 이야기꾼은 아니다. 왜냐하면 내가 늘어놓는 이야기들은 대부분 이미 내가 직접 경험해본 일들에서 추출된 것이기 때문이다. 직접 재배한 텃밭에서 따온 소재로 만든 음식인 셈이니 재료가 제법 양질이다. 나는 상상한다. 실천한다. 그리고 다른 사람들도 실천할 수 있도록 범용적인 성장 모델을 만들어낸다. '이야기를 통해 의미를 전달하는 것', 이것이 나의 직업이다. 나는 이 일을 잘할 수 있다. 이 일이 나를 구해줄 것이다.

깊은
DEEP LIFE
인생

견딤

깊은 인생으로 들어서는
두 번째 문

견딤 하나

끈질기게 삶에 달라붙다

세 번째 이야기는 스스로 그려낸 삶에 대한 뱃심으로 결코 물러서지 않는 이야기다.
깨달음은 우리에게 통찰을 준다. 그러나 일상의 삶은 여전히 과거의 법칙을 따르게 마련이다.
깨달음이 제시하는 미래와 일상이 규제하는 현실 사이의 괴리는 우리를 주저앉게 한다.
그리하여 종종 정신은 이상을 향하나 우리의 육체는 현실을 따르려고 한다.
이때 필요한 것이 미래에 대한 나의 통찰을 믿어주고 응원하는 뱃심이다.
두려움을 이길 수 있는 용기다.

사라진 영웅, 다시 살아나다 – 윈스턴 처칠

> 자신의 생각을 믿는 것. 자신의 마음속에서 진실이라고 믿는 것은 곧 다른 사람에게도 진실이 된다.
> – R. W. 에머슨

나는 세상을 감동시키고 싶었다. 그것이 삶의 단 한 가지 목표였다. '나라는 사람, 나의 메시지, 그리고 그 메시지를 표현하는 나'는 삼위일체처럼 서로 떨어질 수 없다. 나는 서사시처럼 살았고, 그래서 나의 업적만큼이나 나의 실수와 약점도 그만큼 크다. 그들은 쩨쩨하고 이기적인 내 모습도 놓치지 않는다. 그렇다. 전쟁으로 얼룩진 나의 삶, 나는 어떤 경우에도 삶에서 물러선 적이 없다. 삶에 대한 뱃심 때문에 사람들은 나를 사자나 불도그로 묘사했다. 내가 나타나면 사람들은 패배하리라는 생각을 버렸다.

나는 위대한 사람을 좋아한다. 나는 모든 위대한 사람을 나와 섞여 있는 흐릿한 이미지로 상상한다. 내가 연설을 하면 사람들은 열광했다. 사람들은 라디오에서 흘러나오는 내 목소리를 좋아했다. 나의 목소리, 나의 억양, 나의 언어가 사람들을 패전과 무기력에서 일어서게 했다. 국민은 장관이 끈기가 있고 오기를 부리기를 바란다. 나는 알고 있다. 국민은 오만하게 명령을 내린다고 불평하지만 그래도 내심 그런 지시를 바라게 마련이다.

1차 세계대전이 발발하기 전에, 나는 영국의 해군장관이었다. 나는 영국 해군을 재정비하여 명실상부한 세계 최강의 해군으로 만들었다. 독일의 대양 함대를 누를 수 있는 새로운 드레드노트 함대를 건설하고, 종전의 12인치 대포 대신 15인치 대포로 무장하도록 만들었다. 또 나는 넬슨 제독 이후로 가장 걸출한 해군원수인 존 아버스넛 피셔에게 새로운 함대의 설계와 건조를 감독하게 했다.

그런데 이 멋진 함대를 건설하는 일은 쉽지 않았다. 함포의 총통 무게가 무거워지자, 배가 커지고 속도는 상대적으로 떨어질 수밖에 없었기 때문이다. 나는 연료를 석탄에서 석유로 대체하지 않으면 안 되겠다고 생각했다. 석유는 석탄보다 가연성과 효율성이 좋았다. 속도를 훨씬 더 빨리 올릴 수 있었다. 석탄을 치우면 더 많은 공간을 공격적인 용도로 개조할 수 있을 뿐 아니라 승무원을 지치게 만드는 노동의 양을 획기적으로 줄일 수 있었다. 한마디로 모든 제원의 향상이 가능했다.

하지만 영국은 산유국이 아니었다. 석유의 안정적인 공급이 문제시되었고, 가연성이 높은 석유 저장 창고에 적의 포탄이 떨어졌을 때의 위험도 지적되었다. 무엇보다 영국 정부는 막대한 예산을 투입해야 하는데, 그것은 매우 위험해 보이는 모험이기도 했다. 실제로 1914년에 내가 영국 정부에 제출한 예산안은 세계의 해군 역사상 가장 큰 예산안이었을 것이다.

나는 피셔와 더불어 영국 정부를 압박했다. 다행히 15인치 함포는 대단히 성공적이었다. 함선의 동력 원료를 석탄에서 석유로 대체하는 예산도 따냈다. 1914년, 4년간 계속된 1차 세계대전이 시작되기 한 달 전에 나는 영국-페르시아 석유회사의 경영지배권 51퍼센트를 확보하여 안정적으로 군함에 석유를 공급할 수 있었다. 이것은 꽤 대담한 결정이었다. 결국 결정적인 전략적 우위를 차지하도록 했다.

나는 이때 아직 30대의 젊은 나이였다. 나는 1차 세계대전의 영웅이 되었다. 그러나 전쟁의 영웅은 전쟁이 끝나면 언제나 사라지게 마련이다. 나 역시 그랬다. 영광의 자리에서 실각했다가 다시 2차 세계대전의 영웅이 되었다. 현대의 인물들 중에서 나만큼 극적인 삶을 살다간 인물은 아마 찾기 어려울 것이다.

전쟁이라는 극단적 상황에서 모든 사람이 반대하는 것에 대해 내가 신념을 가지고 그들을 설득할 수 있었던 힘은 어디서 나왔을까? 굴복하지 않는 힘, 도대체 그 힘은 어디서 나온 것일까? 나는 다른 사람들이 알지 못하는 진실을 알고 있었다. 철저하게 현실을 조사하고 감시하고 있었기 때문이다. 그들은 대략 알고 있는 것을 나는 자세히 알고 있었으므로 정보의 우위를 차지할 수 있었다. 나는 당시의 영국 해군과 이를 둘러싼 세계를 이해하기 위해 정력적으로 몰두했다. 1차 세계대전이 일어나기 전에 독일이 킬 운하를 넓히고 함선을 늘리고 있다는 것을 알고 있었다. 이것은 독일의 발트 함대들이 이 운하를 통해 덴마크를 빙 돌지 않고 북해로 바로 진입할 수 있다는 뜻이다. 독일 함대는 불과 몇 시간 만에 영국의 위협이 될 수 있었다. 나는 독일 전함의 5분의 4가 완전히 전시 체제를 갖추고 있다고 판단했다.

해군장관이 된 첫날, 나는 책상 뒤 벽에 커다란 북해 지도를 걸어두었다. 당직 장교가 매일 독일 해군의 주요 함선의 위치를 작은 깃발로 표시해두었다. 아침마다 '위험은 평화 시에 상존한다.'는 사실을 내게 주입시켰다. 해군장관의 전용선인 '마녀(Enchantress)'라는 요트를 타고, 모든 해군 기지와 조선소를 돌며 해군 전술과 능력에 대한 세부 사항을 끊임없이 배웠다. 대포를 다루는 기술에서부터 해군의 사기에 이르기까지, '모든 사물의 모양, 위치, 상호작용' 등에 대한 정보를 알아냈다. 마침내 나는 원하는 모든 것을, 원하는 때에, 원하는 방식으로 활용할 수 있다는 자신감을 가지게 되었다. '마녀'는 그 후 4년 동안 나의 집무실이자 집이 되었다.

내가 어떤 주장을 펼쳐갈 때 근거와 정보가 부족한 경우는 없었다. 나는 이 부분에 있어서는 누구보다 부지런하고 정력적이었다. 나의 예지력은 바로 현장을 철저히 관찰하는 부지런함과 연역적 추론에서 나왔다. 성실함과 부지런함이 현재 상황을 분명히 이해하고 무엇이 결정적인 요소인지 알게 했기 때문에 나는 다수의 의견에 굴복하지 않을 수 있었던 것이다. 중요한 것은 다수의 의견이 아니라 사실이기 때문이다. 그것이 바로 내 예지력과 통찰의 비밀이었다.

미래를 보는 예지력의 소유자들은 인습에 얽매이지 않는다. 오래된 것이 별로 중요한 것이 아니란 걸 알기 때문이다. 동료의 압력이나 다수의 의견에 굴복하지도 않는다. 대담해지는 것을 두려워하지도 않는다. 마음이 미리 본 것들을 중요하게 생각하기 때문이다. 그러나 예지력 하나만 가지고는 힘을 쓸 수 없다. 신실이되 누구도 듣지 않는 카산드라의 예언처럼 비극적인 것이 또 있겠는가!(트로이의 마지막 왕 프리아모스와 헤카베의 딸인 카산드라는 아폴론이 구애하자, 사랑을 받아들이는 조건으로 예언 능력을 달라고 한다. 그러나 카산드라가 예언 능력만 받고서 약속을 지키지 않자 성난 아폴론은 아무도 그녀의 예언을 믿지 않는 형벌을 내린다. 종국에는 카산드라의 예언을 불길한 일의 시초로 여기게 된다.) 예지력이 제대로 된 힘으로 작동하려면 마음이 미리 본 것을 지켜갈 수 있는 불굴의 용기와 인내가 절대적으로 필요하다. 포기하는 순간 예지력은 무력해진다.

나의 경우에도 세계 최강의 해군력을 갖춘 함대를 건설해내겠다는 해군의 개혁은 쉬운 일이 아니었다. 나는 엄청난 반발에 직면했다. 그때마다 나는 이대로 굴복할까 봐 두려웠던 적이 한두 번이 아니다. 실제로 15인치 대포의 성능을 시험하는 날이 다가오자 나의 불안감은 극도에 달했다. 만일 실패한다면 무슨 일이 일어날 것인가. 재앙이자 폭로이며 어떤 변명도 용납되지 않을 것이다. 나는 그 자리에 있게 된 지 한 달도 되지 않아 전임자가 세운 모든 계획을 변경하고 지독한 패배를 초래한 무분별하고 세상 물정 모르는 얼간이라는 것을 뼈저리게 느끼게 될 것이다. 이런 생각이 나를 괴롭혔다.

사람을 바꾸는 일은 더욱 힘들었다. 영국 해군은 전통적으로 자부심이 강하고 자만심으로 가득 차 있었다. 병사들은 내가 급여와 대우를 높여주었기 때문에 우호적이었지만, 고급 장교들은 나를 경계의 대상으로 여겼다. 그들은 유서 깊은 영국 해군의 전통을 바꾸는 것을 싫어했다. 그러나 나는 전통 같은 것이 중요하다고 생각하지 않았다. 언젠가 어떤 사람이 이런 전통의 존중 요구에 내가 대단히 냉소적으로 반응했다고 말한 적이 있다. 그는 내가 영국 해군의 자랑스러운 전통에 대해 "그것이 다 뭐랍니까? 럼주와 동성연애와 채찍질 아니던가요?"라고 말했다고 떠들어댔다. 나는 그런 말을 한 적이 없다. 그래서 그렇게 말한 적이 없다고 부정했지만, 사실 내 마음은 정말 그렇게 말하고 싶었다. 만일 내가 냉소적인 적이 있다면 그것은 인생에 대해서가 아니라 어리석은 과거에 묶인 넋 빠진 굴복에 대해서였을 것이다.

냉소는 결코 업적을 남길 수 없다

윈스턴 처칠은 1874년에 영국 옥스퍼드셔의 블레넘 궁전에서 태어났다. 그는 태어날 때부터 귀족이었다. 아버지는 재무장관이고, 어머니는 미국인으로 빼어난 미인이었다. 그는 육군사관학교를 졸업하고 군인으로 복무하다 제대 후 정계로 진출했다. 1900년 젊은 나이에 국회위원이 되었다. 그리고 1911년 역시 젊은 나이에 해군장관이 되었다. 1차 세계대전이 발발하자, 그는 다르다넬스 해협의 갈리폴리에 병력을 파견했다가 대패하고 장관을 사임했다. 그 후 여러 장관 자리를 거치면서 보수적인 정치철학을 가지게 되었다. 1929년 인도 독립 법안을 격렬하게 반대하다가 각료직에서 물러난 후, 그는 10년 동안 의원직은 유지하지만 정치적으로 내각에서 철저히 배제된 야인의 생활을 했다. 1939년 2차 세계대전이 발발하자 다시 해군장관으로 복직되었다. 프랑스가 함락되면서 유럽이 나치에 대한 대항력을 상실해가자, 그는 이내 총리가 되었다. 그는 항전에 나서 이렇게 선언했다.

"만약 적들이 우리의 섬을 침공해온다면 우리는 해변에서 그들을 맞아 싸울 것입니다. 우리는 결코 굴복하지 않을 것입니다.

이후 처칠은 미국과 러시아를 전쟁에 끌어들이는 데 성공했다. 그가 영국을 이끌고 전쟁을 수행한 지 8개월이 지난 1940년 말의 '멋진 순간'에 대해, 그는 전쟁 회고록에서 이렇게 말했다.

"우리는 살아 있었다. 우리는 독일의 공군을 물리쳤다. 영국 본토는 침공을 받지 않았다. 런던은 여러 차례의 공습에도 당당하게 서 있었다. …… 수억 명의 사람들 마음속에 희망과 열정이 빛났다."

처칠은 전쟁을 승리로 이끌었다. 하지만 전쟁 이후의 삶은 누구에게나 힘들었다. 전쟁 영웅은 전쟁이 끝난 후 총선에서 패배했다. 영국인들은 그를 평화 시의 인물, 실무형의 지도자로 보지 않았다. 전쟁이 끝나자 전쟁 영웅인 그는 버려진 셈이다. 그러나 그는 그것이 정치라는 것을 이해하고 있었다. 이 불굴의 인물은 1951년 두 번째 총리에 올랐다. 그리고 1955년 사임했다. 1965년 처칠은 아흔한 살의 나이로 죽었다. 드골은 그의 죽음을 듣고 "이제 영국은 더는 대국이 아니다."라고 말했다. 사실이었다. 그 이후 대영제국의 해는 졌다.

처칠은 폭풍을 잘 견디는 사람이었다. 영국인들은 거친 기후를 잘 견디는 사과 품종에 윈스턴이라는 이름을 붙였다. 모두 그를 불굴의 인간으로 기억하고 있었던 것이다. 전쟁이 없었다면 인류는 처칠을 기억하지 못했을 것이다. 히틀러 역시 자신과 전쟁이 없었다면 처칠은 유명해질 수 없었을 것이라고 말했다. 처칠은 상황이 어려울수록 잘 견디고, 나이가 들수록 더 강해졌다. 그는 끈질긴 사람이었다. 스스로 자신의 끈질김을 "문 닫을 때까지 술집에 머무는 것이 나의 신조다."라고 표현했다. 그는 인생을 참으로 소란스럽게 산 사람이다. 포기를 모르는 인간이다. 그렇게 끈질기게 삶에 붙어 있던 사람은 없었을 것이다. '불멸의 인간', 이것보다 그를 더 잘 묘사한 말은 없을 것이다. 처칠은 사망하는 그 순간 바로 역사로 편입되었다. 아니, 그는 이미 살아서 역사가 되어 있었다.

마음은 우주를 이해한다. 마음이 우주의 마음에 공명하기 때문에 때때로 사람들은 미래에 대한 예지와 통찰을 갖게 된다. 통찰이라는 면에서 1985년 인텔은 매우 재미있는 경우다. 앤디 그로브와 고든 무어는 메모리칩의 시장이 지나치게 경쟁적이며 특히 일본 기업과의 싸움이 치열해가는 것을 지켜보고 있었다. 인텔의 이익과 역할이 하강 곡선에 직면하는 불안이 그들을 감쌌다. 그로브가 무어에게 물었다.

"만일 우리가 해고되고 참신한 CEO가 새로 온다면 그는 무슨 일을 할까?"

그러자 무어가 대답했다.

"메모리칩 사업에서 손을 떼겠지."

그들은 서로 쳐다보았다. 그러자 그로브가 이렇게 제안했다.

"그래, 우리 문밖으로 나갔다가 다시 들어오면서 새로운 CEO가 할 일을 우리가 해보면 어떨까?"

그 깨달음과 행동의 순간을 거쳐 인텔은 마이크로프로세서를 탄생시키고 새로운 시장의 선두 주자가 되었다. 그들은 그들이 본 미래의 모습에 빠져들었고, 사자의 대가리에 머리를 밀어 넣듯 자신들이 본 미래의 모습을 따라나섰다. 미래를 위한 아무런 지도도 없었지만, 그들은 마음이 본 통찰의 손을 잡고 미래로 뛰어든 것이다.

전설적인 하키 선수 웨인 그레츠키는 이렇게 말한 적이 있다.

"나는 하키 공이 있는 곳이 아니라 공이 움직일 곳으로 미끄러져 간다."

그는 정말 공이 어디로 갈지를 미리 알고 있었을까? 혹은 그저 성공한 자의 오만한 코멘트였을까? 전례가 없는 뛰어난 성과를 보면 그가 정말 공이 올 곳을 미리 감지했거나 예감했다는 것을 알 수 있다. 어떻게 그럴 수 있었을까? 신의 선물처럼 육감과 예감 혹은 예지력이 그에게 특별히 주어졌는지는 잘 알 수 없지만, 그가 상대편을 주의 깊게 연구했고, 연습 과정을 통해 동료들이 공을 어디로 패스할 것인지를 알고 있었다는 것은 확실하다.

위대함의 가장 중요한 요건은 미래의 경영에 성공하는 것이다. 예지력은 현재나 미래를 마치 지나간 과거처럼 볼 수 있는 능력을 말한다. 아이러니하게도 미래를 잘 볼 수 있는 자는 과거를 잘 아는 자다. 선견지명에 이르는 그 신비의 원천은 신의 선물이라기보다는 오히려 근면과 노력이라는 주장이 훨씬 설득력이 있다. 예지력이 뛰어난 인물들은 현재를 이해하기 전에 과거를 연구했고, 역사적으로 결정적인 사건들의 본질을 파악했다. 그들은 현재를 바꿀 방법을 강구하기 전에 그들이 처한 현재의 상황과 여기까지 이른 경로를 면밀히 탐구하여 알고 있었다. 미래를 꿰뚫어본다면 그것을 천재적 통찰이라고 부르고 싶을지 모르지만, 그것은 천재의 징표가 아니다. 그러기에는 좀 더 보편적이다. 쉽게 보이지 않는 패턴과 동기, 그럴 수밖에 없는 필요성, 기회와 전조가 되는 사건과 행동들을 파악하기 위한 힘겨운 탐구의 결과가 바로 예지력의 정체인 것이다.

 마음이 미래를 보지 못하면 평범한 자리에서 위대한 자리로의 도약은 불가능하다. 예지력은 현재에 대한 관찰과 부지런한 탐구의 결과다. 땀의 누적 속에 번개처럼 미래의 결정적 단초가 보이고 전체를 꿰뚫어보게 된다. 그러나 예지력만 가지고는 그저 비극적인 선지자에 지나지 않는다. 자신이 미리 보고 믿은 것에 대한 집중과 불굴의 용기가 없다면 그것을 지켜낼 수 없다. 알지만 실천하지 못했기 때문에 아무것도 이룬 것이 없는 사람들은 얼마나 많은가. 그들은 확신을 가지기에는 탐구가 모자랐을 것이고, 또 믿었다 하더라도 지켜낼 용기가 없어 다수의 의견을 따라 자신이 미리 본 미래를 포기한 것이다. 불굴의 용기가 무엇인지를 역사가 아널드 토인비는 이렇게 감동적으로 표현한다.

> 필요가 발명의 어머니라면 발명의 아버지는 고집이다. 적당히 단념하고 손쉽게 살 수 있는 곳으로 옮겨가는 것보다 불리한 역경 속에서 살아가겠다는 결심이 진보의 역설적 진리다. 혹독한 추위와 이변 속에서 우리가 알고 있는 문명이 시작되었다는 것은 결코 우연이 아니다. …… 울창한 숲이 말라죽은 상태가 되었을 때 '달아난 원시인들'은 자연의 지배를 가장 심하게 받았을 뿐 아니라 자연을 정복하려 하지 않았다. 난관을 뚫고 인간이 된 것은 이미 그 밑에 앉을 나무조차 잃어진 그 자리에 버티고 있던 무리들이며, 나무 열매가 익지 않자 짐승을 잡아 고기를 먹은 무리들이며, 햇볕을 쫓아 이동하는 대신 불과 의복을 만든 무리들이며, 거처의 방비 벽을 구축하고 아이들을 훈련시켜 세계의 비합리성에 합리성을 입증한 무리들이었다.

미래는 잠재적 운무 속에 깊이 둘러싸여 잘 보이지 않는다. 그것은 아직 드러나지 않았고, 모호하고 혼란스럽다. 예지력은 이런 무질서를 꿰뚫고 새로운 방향으로 인도하는 신호를 찾아내는 것이다. 자신이 처한 상황을 정확하게 알게 되면 그 상황을 만들어낸 요소들의 작용에 의해 어떤 변화가 생기게 된다는 것도 알게 된다. 어떤 변화는 반가운 것이고, 어떤 변화는 위협적이다. 참여하여 유리한 변화를 만들어낼 수 있다면 기꺼이 참여해야 한다. 그러나 어떤 경우는 그 변화에 저항한다는 것이 힘들 수도 있다. 그때는 새로운 변화의 앞을 선점하는 것이 결정적인 도약의 기회가 된다. 이때 우리는 이렇게 말한다.

"미래에 대응하는 가장 확실한 방법은 미래를 창조해내는 것이다."

위대한 업적은 구체적으로 사람들의 눈에 드러나기 전에 한 사람의 정신 속에 하나의 생각으로 자리 잡고 있다. 정신은 언제나 먼저 본다. 업적은 정신이 먼저 본 것을 불굴의 의지로 실천할 때 만들어진다. 그러므로 정신이 본 것을 비웃는 냉소는 결코 업적을 남기지 못한다. 언젠가 헨리 키신저는 처칠이 죽은 다음 그를 추모하는 연설에서 "냉소적인 사람은 결코 대성당을 짓지 못합니다."라고 말한 적이 있다. 그렇다. 냉소적인 사람들은 결코 위대한 건물을 짓지 못하는 법이다. 우리의 미래는 우리를 이곳까지 끌고 온 위대한 생각과 자세를 불굴의 투지로 그대로 유지할 수 있느냐의 여부에 달려 있다.

| 내게도 이런 일이 일어났을까? |

그대, 스스로를 고용하라

　나는 죽을 때까지 책을 쓰고 강연을 할 것이다. 내게 퇴직은 없다. 죽음이 곧 퇴직이다. 나 또한 위대한 사람들이 그랬듯이 삶에서 일을 놓지 않을 것이다. 그 일은 이미 내 인생이 되었고, 놀이가 되었으며, 의미가 되었기 때문이다. 내가 죽을 때까지 일과 더불어 즐길 수 있는 이유는 1인 기업가이기 때문이다. 나는 다른 사람에게 의존하지 않는다. 스스로 고용하기 때문이다.
　나는 20년간 직장인이었다. 그 후 마흔여섯 살에 회사를 나와 1인 기업가가 되었다. 이것이 겉으로 보이는 나의 이력이다. 그러나 정작 1인 기업가의 그림은 직장 11년 차가 되던 1991년, IBM 본사의 경영심사관이 되면서부터 그려지기 시작했다. 그전까지는 정말 직장인에 불과했다. 그저 '한국 IBM의 경영혁신 팀장'이 내 직업적 정체성의 전부였다. 그러나 경영 컨설턴트의 일을 하기 시작하면서 나의 정신과 마음이 확장되기 시작했다. 변화와 혁신에 대한 인식이 심화되면서 한 회사의 혁신 팀장을 넘어서 한국 최고의 '변화경영전문가'라는 비전을 가지게 되었던 것이다.

꿈이 생기자 나는 훨씬 더 열심히 일했다. 소명 의식을 가지게 되자 일이 훨씬 더 재미있어졌고, 나는 좀 더 열정적인 사람이 되었다. 현업이 내 비전을 이루는 수련 과제가 되었다. 보스로 누가 오든 변화에 대해서만은 내 의견을 존중했고, 누구든 내게 물으러 왔다. 그렇게 6년을 보내고 1997년 여름, 나는 '변화경영의 작가'라는 또 하나의 강력한 연결고리를 찾아낼 수 있었다. 변화라는 주제를 다루는 전문가인 동시에 새로운 차원을 제안하는 작가의 길을 걷게 되었기 때문이다.

이듬해인 1998년에 첫 책 《익숙한 것과의 결별》이 출간되었다. 이 책은 대단한 성공을 거두었다. 운이 좋았다. 나는 이 책 한 권으로 회사를 넘어 더 큰 사회에 입문하게 된 것이다. 사람들은 '변화경영전문가'라는 새로운 직업인으로 나를 인식했다. 그 후 매년 평균 한 권씩의 책을 써내게 되었다. 첫 책이 나온 지 3년째 되던 해인 2000년, 나는 마흔여섯의 나이로 회사에서 독립하여 '변화경영전문가'라는 1인 기업을 시작했다.

1인 기업이란 'I, the Company', 즉 '내가 곧 회사'라는 개념이다. 나는 '나라는 회사'이며, 다른 사람에게 고용되지 않고 스스로를 고용한다. 하는 일도 하는 방법도 모두 내가 선택한다. 온전히 나의 경험과 잠재력에 의존하여 일을 한다. 수익 모델도 간단하다. 매출에서 세금을 제하고 나면 수익이 된다. 사무실도 내 집이다. 그러나 더 정확하게 말하면 내가 있는 곳, 그곳이 강연장이든 카페든 내가 잠시 머무는 그곳이 바로 사무실이다. 왜냐하면 그곳이 바로 부가가치가 창조되는 현장이기 때문이다.

나는 이 아이디어에 반했다. 직장을 나와 스스로 먹고살아야 하는 내게 딱 맞는 모델이었다. 비로소 나는 경제적 도구로서의 일과 살고 싶은 삶이 분리되지 않는 일을 갖게 되었다. 하고 싶은 일을 나의 방식으로 펼쳐가면서 일이 취미이며 놀이라는 것을 깨닫게 되었다. 일은 내 인생의 구세주가 되었다. 일에 몰입하게 되었고, 보람을 찾게 되었다. 결국 일은 내 삶의 다른 부분에도 빛과 기쁨을 선사하는 에너지가 되었다. 소명을 발견했고, 죽을 때까지 기쁘게 이 일에 헌신할 것임을 알게 되었다.

10년 전 1인 기업은 그저 개념에 지나지 않았다. 10년이 지난 지금은 하나의 실험이 되었고, 앞으로 또 10년이 지나면 훌륭한 고용의 대안이 될 것이다. 내 마음에 1인 기업가라는 개념이 꽂혔을 때, 나는 이것이 제2의 인생을 살아가는 많은 사람들의 직업이 되리라는 것을 직감했다. 나의 극적인 전환은 마흔셋에 이루어졌다. 인생의 중반에 길을 잃고 방황한 때도 그때였고, 새로운 모험으로 첫 책을 쓰게 된 때도 그때였다. 서서히 직장 생활을 끝내야 할 때가 다가오고 있었다. 사람들도 언젠가 자신이 회사를 그만 둘 때가 온다는 것을 다 알고 있었지만 퇴직 이후를 미리부터 열심히 탐구하지는 않았다. 그것은 마치 언젠가 누구든 죽게 되지만 사는 동안 죽음을 생각하지 않는 것과 같다. 그러나 이야기의 끝을 생각한다는 것은 우리에게 엄청난 통찰과 지혜의 원천이 된다는 것을 깨달았다.

인생은 대략 네 개의 조각으로 이어진다. 인생의 첫 번째 4분의 1은 학생의 시절이다. 인간은 가장 긴 교육 기간을 가지고 있다. 그 다음 두 번째 4분의 1은 직장의 시절이다. 다른 사람이 시키는 일을 하며 돈을 번다. 그 다음 세 번째 4분의 1은 불만의 시절이다. 육체는 아직 젊고 경험은 아직 쓸 만하지만, 자연이 우리를 버리기 전에 먼저 사회에서 버려진다. 스스로 새로운 일을 시작하려고 하지만 준비되어 있지 않다는 것을 깨닫게 된다. 당황하고 분노하고 좌절한다. 그리고 그 다음 4분의 1은 수용의 시절이다. 늙고 병들어 마음의 평화를 좇는다.

나는 두 번째와 세 번째 4분의 1의 인생에 대한 통찰을 얻게 되었다. 시대적 변화가 가속화되면서 기업은 더 젊은 조직을 원한다. 30년 직장 생활이 20년 직장 생활로 줄어들기 시작했다. 직장에서의 체류 기간은 점점 더 짧아지고 있다. 역설적으로 나는 단명한 직장 생활에서 평생 직업에 대한 비전을 보게 된 것이다. 나는 세 번째 4분의 1의 인생을 인생의 황금 도약기로 설정했다. 그

동안 직장에서 배우고 수련한 것들의 토대 위에 정말 내가 원하는 삶을 축조해볼 수 있는 시기로 인식한 것이다. 나는 내가 회사를 그만두는 그날을 상상했다.

> 이날부터 진정한 인생이 시작되리라. 이때 나는 다른 사람이 시키는 일이나 하는 것을 그만두리라. 내 일을 하리라. 그 일에 대한 소명감으로 나의 마음은 가득 차리라. 매일 새벽에 일어나 나만의 일에 몰입하리라. 몰입은 창의성으로 연결되고, 나는 매일 아침 일어나 불가능한 일을 믿는 법을 수련하리라. 매일 꾸는 꿈은 결국 이루어지리라. 내게 더 많은 시간을 쓰고, 내가 사랑하는 사람들과 더 많은 웃음을 나누게 되리라. 나는 스스로 창의적인 전문가가 되고, 차별성으로 유일해지리라. 그리하여 일을 통해 인류에 공헌하리라. 나는 기업이 나를 고용하지 않아도 스스로 고용할 것이니, 나는 이제 의존하지 않으리라. 나는 끝내 자유가 되리라.

나는 세 번째 4분의 1의 인생을 '불만의 시절'에서 '영웅의 시절'로 전환하는 변환 프로젝트를 만들었다. 그리고 내가 그 첫 수혜자가 되었다. 직장인이었던 나는 마흔세 살에 작가가 되었다. 마흔여섯에 회사를 나와 변화라는 주제로 활동을 하고, 강연을 하고, 글을 썼다. 그리고 새로운 삶의 운동가로서 변화를 위한 범용적 프로그램들을 만들어 실행했다. 나는 그 프로그램의 최초의 창립자였다. 나는 늘 내가 만든 프로그램을 내게 적용해보았고, 내게 적용하여 성공한 프로그램만 다른 사람들에게 전수했다. 나는 내 생각의 실험장이었고, 내가 만든 백신의 최초 접종자였다.

나는 본격적으로 1인 기업에 대한 연구를 시작했다. 10년 후 하나의 대안이 될 이 실험적 과정에 더 많은 직장인들이 체계적으로 준비해두기를 바라는 마음에서였다. 첫 번째 연구 성과가 바로 《구본형의 필살기》라는 책으로 정리되었다. 이것은 현업의 기초 위에 미래를 축조하는 모델에 대한 심층 연구였다. 현업과 미래의 천직 사이에 존재하는 깊은 심연을 건널 수 있는 다리 하나를 가설해두는 작업이었다.

처음에 나는 직장인들이 직장 내에서 소진될 뿐 제대로 성장하지 못하는 것에 좌절했다. 긴 인생 중에서 겨우 4분의 1 정도밖에 직장에 체류할 수 없는 고용의 불안정과 너무도 빨리 '버려진다'는 사실에 분노했다. 나는 이 '불만족스러운 평형 상태'를 찾아내어 걷어차 버리고 싶었다. 그러나 분노만으로 해결될 수 있는 문제는 없다. 나는 없애야 할 것에 대한 분노와 더불어 새롭게 만들어야 할 것에 대한 열정이 필요했다. 나는 80퍼센트쯤 미쳐야 한다는 것을 알게 되었다. 과거의 믿음은 잃어갔지만 새로운 믿음으로 채워졌다. 이 과정에서 나는 현재와 미래 사이의 관계에 대한 중요한 통찰 하나를 얻게 되었다.

그것은 어떻게 미래를 설계하느냐에 따라 현업에 대한 열정이

좌우된다는 점이다. 직장인들이 현업에 몰입하지 못하는 가장 큰 이유는 현업에서 비전을 찾아내지 못하기 때문이다. 현업에서 미래의 비전으로 닿을 수 있는 다리를 하나 놓게 된다면 사람들은 훨씬 더 현업에 몰입하게 된다는 것을 알게 된 것이다. 왜냐하면 현재의 일에 열정을 쏟아 넣으면 미래의 비전에 자연스럽게 도달할 수 있다는 것을 믿기 때문이다. 미래의 비전은 현업의 갈 길을 비추는 등대가 된다. 미래를 설계하면서 현업이 더 무의미해지고 당장 떠나야 할 것으로 느껴지는 경우는 현업과 미래의 비전 사이에 깊은 심연이 있어 서로 닿을 수 있는 길이 없다고 믿기 때문이다.

실제로 직장에서 11년 차가 되기까지 나는 현업에 만족하고 있었는데도 반복되는 일과의 지루함과 매너리즘에 시달리고 있었다. 나는 최선을 다하지도 않았고, 일상의 무기력에 시달렸다. 그러다가 경영 컨설턴트가 되어 그동안 보지 못했던 다양한 정보를 접하게 되고, 회사와 경영의 구석구석을 알게 되면서 인식의 지평이 넓어졌다. 이윽고 정신적 확장이 이루어졌다. 다른 사람들이 갖지 못하는 차별적 전문성에 대한 투지와 흥분이 내면에서 차오르기 시작했다. 나는 열심히 책을 읽고 연구했다. 아이디어를 실험했고, 그 아이디어가 스스로 싸워 살아 나가는 과정을 관찰하고 기록했다. 더 많이 알게 되고 더 깊이 알게 되면서, 일이 재미있고 기쁨이 되었다. 다른 사람들이 잘 모르는 것을 알게 되었다는 것, 그 일로 공헌할 수 있게 되었다는 것이 일에 대한 내 자부심이 되었다. 전문가의 확신을 가지게 되자 다른 사람들은 불안해하는 곳에서도 내 입장을 견지해낼 수 있었다. 나는 단단해졌다. 성장하기 시작한 것이다. 그리고 때가 되었을 때 두려움 없이 제2의 인생을 향해 기쁨으로 출항할 수 있었다.

그렇게 10년이 지났다. 10년 동안 스스로를 불러왔던 '변화경영전문가'라는 타이틀을 거두고, 2010년 이후 나는 스스로 '변화경영사상가'라고 불렀다. 내 명함에도 그렇게 써두었다. 전문가에서 사상가로 전환하고 싶었기 때문이다. 전문가가 기술적인 컨설턴트의 특성을 가지고 있다면, 나는 이제 그것에 싫증이 나기 시작했다. 이제 내가 공부하여 알게 된 것과 체득한 깨달음을 마음대로 실험해보고 싶었다. 그것은 생각을 다루고, 의식을 다루고, 태도를 다루고, 가치를 다루는 것이 될 것이다. 그래서 나는 전문가에서 사상가로 전환했다. 그렇게 한동안 살 것이다. 그리고 나는 '변화경영의 시인'으로 죽을 것이다. '시처럼 산다.' 이것이 내 인생 후반기 진화의 여정이다. 바라건대 삶에서 결코 물러선 적이 없기를 자신에게 당부한다.

견딤 둘

침묵의 10년을 걷다

네 번째 이야기는 침묵으로 묵묵히 1만 시간의 레이스를 통과하는 이야기다.
한길에서 두각을 나타내려면 적어도 1만 시간은 묵묵히 매일 연습해야 한다.
스스로 충실한 훈련 규율을 정하고, 매일 거르지 말고 그 일을 해야 한다.
스스로 목표를 정하고 엄격한 규칙을 따르는 것을 밝음 경영이라 한다.
즉 내면의 빛나는 강점에 기대어 매일 나아가야 한다는 뜻이다.

우드스턱의 작은 오두막집 – 조지프 캠벨

위대한 사업은 눈에 띄지 않게, 아주 서서히 달성된다.

— 세네카

어찌하여 그리되었을까? 다 된 일이 어찌하여 방향을 틀고, 나는 전혀 다른 길로 들어서게 되었을까? 나는 컬럼비아 대학을 졸업한 후 장학금을 받아 파리 대학으로 유학을 떠났다. 그곳에서 나는 중세의 프랑스어와 프로방스어, 그리고 음유시인들의 시를 공부하게 되었다. 그런데 일이 꼬이려고 그랬는지 (사실은 나중에 일이 풀리려고 그랬다는 것을 알게 되었지만) 유럽에서 현대 예술의 맛에 취하기 시작했다. 그곳에서 제임스 조이스와 피카소, 몬드리안 등을 만나게 되었던 것이다.

1927년에서 1928년까지 내가 머문 파리는 세계를 끌어당기는 자석과 같은 곳이었다. 나는 그곳에서 세계인들을 만나며 인식의 지평을 넓혔다. 독일로 가서는 산스크리트어를 공부하며 힌두교에 관심을 가지게 되었다. 카를 융도 바로 그곳에서 알게 되었다.

그때부터 새로운 문이 열리고 있었다. 나는 그것을 느꼈다. 켈트 로망스에 대한 내 관심은 사라진 지 오래였고, 다른 곳으로 가는 문이 나를 기다리고 있었다. 대학으로 돌아가는 것은 투명한 유리병 안으로 나를 밀어 넣는 것처럼 답답한 일이었다. 학위를 취득하기 위해 필요한 필수 과목은 모두 수강한 상태였고, 이제 논문만 쓰면 끝이었다. 그러면 곧 교수가 되어 대학에서 강의를 맡게 될 것이었다. 그러나 그 논문이라는 것이 정말 쓰기 싫었다. 나의 관심은 이미 그곳을 떠나 하늘 멀리 날아가 버린 뒤였기 때문이다.

대학에서는 내가 다른 영역으로 옮겨가 공부를 계속하는 것을 허락하지 않았다. 하지만 나는 내 인생이니 내 마음대로 할 뿐 대학이 시키는 일을 하지는 않으리라 다짐하며 그까짓 논문은 개에게나 줘버려야겠다고 생각했다. 그리고 학위는 내 열등감을 상쇄하기 위해 갖춰 입는 옷에 지나지 않고, 그 열등감은 인공적으로 만들어낸 것에 불과하므로 굳이 학위가 필요하지는 않다고 위로했다. 그 대신 나는 숲으로 들어가 5년 동안 보고 싶은 책들을 보며 시간을 보내기로 마음먹었다. 그 덕에 나는 박사 학위를 받지 못했다. 그러나 아무것도 없이 살아가는 법을 배웠고, 책임질 아무 일이 없어 하늘의 새처럼 자유로웠다. 그야말로 경이로운 삶이었다. 그 기간은 1929년에서 1934년까지 5년 동안이었다.

나는 뉴욕 주에 있는 우드스턱의 작은 오두막집을 빌렸다. 거기서 나는 그저 책만 들이팠다. 그저 읽고, 읽고, 또 읽었다. 그리고 읽으면서 노트 필기를 했다. 그 당시 사회는 대공황 상태였다. 나는 돈이 한 푼도 없었다. 그래도 뉴욕에 있는 스테처트 해프너라는 큰 서점에 책을 주문했다. 책값을 바로 지불할 수 없었다. 다행히 서점에서는 내가 일자리를 구할 때까지 기다려주었고, 일자리를 구한 다음에 책값을 지불할 수 있었다. 나는 클럽 같은 데서 연주를 해 푼돈을 벌곤 했다. 가난한 시대였으나 그야말로 멋진 거래였다.

나는 제임스 조이스와 오스발트 슈펭글러와 토마스 만의 글을 읽었다. 슈펭글러가 니체를 언급하면 나는 니체의 글도 읽었다. 니체의 글을 읽다 보니 쇼펜하우어의 글을 먼저 읽어야 한다는 것을 알게 되었다. 그러다 쇼펜하우어의 글을 읽으려면 칸트의 글을 먼저 읽어야 한다는 것을 알게 되었다. 그래서 칸트의 글을 읽게 되었다. 칸트를 출발점으로 하자니 너무 어려웠다. 그래서 다시 거기서 괴테로 거슬러 올라갔다. 거기서 나는 다시 융의 글을 읽었고, 그의 사고가 근본적으로 슈펭글러의 사고 체계와 똑같다는 것을 알게 되었다. 나는 그 모든 것을 다 버무리기 시작했다. 이것이 내가 책을 읽어 나간 방식이었다. 우드스턱 시절은 그야말로 희열을 찾아 나서는 시기였다. 모든 것이 가능성이고, 모든 것이 단서이며, 모든 것이 내게 쏟아져 들어와 비밀을 털어놓고 있었다.

방황을 할 때는 당장 그날 무엇을 할 것인지 생각하되, 내일 무엇을 해야 하는지는 묻지 말아야 한다. 미리 생각해둔 것에 매달리지 말아야 한다는 것을 깨달은 것이다. 특히 다음 세 가지는 결코 생각해서는 안 된다. 먼저 하나는 굶는 것을 걱정하는 것이고, 또 다른 하나는 미래가 어떻게 될 것인지에 대해 불안해하는 것이며, 마지막 하나는 다른 사람들이 나를 어떻게 생각할까를 염려하는 것이다. 그래도 정 걱정이 떠나지 않을 때가 있으면 좀 유치한 방법이기는 하지만 주술을 걸어보았다. 서랍의 맨 위 칸에 1달러짜리를 넣어두고는 "여기 1달러가 있는 동안은 나는 빈털터리가 아니야."라고 말했다. 그러면 위로가 많이 되었다. 나는 그때 알게 되었다. 현재 처한 상황을 희극적으로 바라보면, 우리는 영적인 거리를 얻게 된다는 것을 말이다. 웃음과 유머 감각이 우리를 생활고(生活苦)에서 구해준다. 고생은 앞으로 언젠가의 영광을 더 빛내주는 어두운 배경이고, 빈곤은 내가 물질에 매이지 않는 자유로운 마음이 커져가도록 만들었다.

우드스턱 시절의 일들은 잊히지 않는다. 나는 괴테의 걸작인 《빌헬름 마이스터의 방랑시대》를 읽으며 삶의 이런저런 일들과 맞닥뜨려야겠다고 생각했다. 삶에는 고정적인 것이 아무것도 없으며, 그 무엇도 당연하지 않은 것은 없었다. 모든 것은 우연히 내 눈에 띄었다. 놀라운 순간들의 연속이었다. 한 예로 내가 카멜의 도서관에서 우연히 손을 뻗어 책을 한 권 골랐는데, 그 책이 내 인생을 바꾸게 되리라는 것을 어찌 알았겠는가? 어떻게 그런 우연이 생겨난단 말인가? 내 방랑은 코를 킁킁거리며 내가 정착하여 뿌리 내릴 곳을 냄새 맡으려는 시도였다.

방랑과 침묵의 시간은 긍정적인 시간이다. 새로운 것도 생각하지 말고, 성취도 생각하지 말고, 하여간 이와 비슷한 어떤 것도 생각하지 말고, 그저 "내가 지금 무엇을 하면 행복할까?"라고만 말해야 한다. 이것이 유일한 관심사여야 한다. 진짜다. 얼마나 간단한 일인가? 그저 나의 자리라고 생각하는 곳에 머무는 것이다. 다른 사람들의 생각이야말로 '그들의 생각'에 지나지 않으니까 말이다. 영웅의 방식이란 삶에 대해 '예'라고 말하는 것이다. 그 모든 것에 대해 '예'라고 하는 것이다. 우리는 세계를 바꾸려고 하기 전에 자신의 삶을 바로잡는 임무를 실행해야 한다. 그러니 스스로 계획해두었던 삶을 기꺼이 내팽개칠 수도 있어야 한다. 그래야만 우리를 기다리는 다른 삶을 살 수 있을 테니까 말이다.

변화를 원하는 마음의 근저에는 편함이 있어야 한다. 모든 것에는 끝이 있다. 끝과 화해할 수 있는 사람이 영웅이다. 무덤을 두려워하면 진정한 영웅이 아니다. 그렇게 보면 승리는 좋은 것이다. 그러나 패배도 나쁠 것이 없다. 모두 끝이 있고 그 끝에서 변화가 만들어지기 때문이다. 삶과 죽음이 동시에 다가오듯 모든 끝은 끝에서 만나게 마련이다. 지금까지 살아온 삶이 뚝 떨어져 나가고 새로운 삶이 시작되는 것이다. 우리 삶에 진정한 목표가 있다면, 그것은 삶을 체험하는 것, 고통과 기쁨을 모두 경험하는 것이다. 의미란 중요한 것이 아니다. 우리가 부여하는 것일 뿐이기 때문이다. 삶의 체험, 그 떨림만이 살아 있음의 증거다. 그러니 이 세상, 삶이 이루어지는 이곳이야말로 내가 있을 곳이다. 단명한 삶의 비극에 기쁜 마음으로 참여하는 것, 그것이 이 세상을 사는 자세인 것이다. 이 세상이야말로 우리의 짝이며, 우리 역시 이 세상의 짝이다.

나는 우드스턱에서 나와 여덟 달 동안 방랑했다. 이때 러시아어를 배웠다. 딱히 이유가 있었던 것은 아니다. 에스파냐어와 프랑스어, 그리고 독일어를 배운 다음 갑자기 러시아어가 배우고 싶어졌기 때문이다. 지금은 러시아어가 하나도 생각나지 않지만 그 당시에는 러시아인 공동체와 어울리기도 했다. 이렇게 캘리포니아에서 1년을 보낸 다음에 뉴욕으로 돌아와 어느 예비학교에서 학생들에게 독일어와 프랑스어, 그리고 고대사를 가르쳤다. 그 학교는 아름답고 일자리도 나쁘지 않았지만, 나는 선로를 이탈한 것 같았다. 참 좋은 시절이었지만 좌절감에 빠지기도 했다. 그러다가 새러 로렌스 대학에서 교수직 제안이 들어왔다. 사실 나는 일자리가 필요하다고 생각하지 않았다. 그래 봤자 내 독서에 방해만 될 것이니까 말이다. 그러나 막상 그 학교에 가보니 예쁜 여학생들이 와글거렸다. 그때 이것도 나쁘지 않겠다는 생각이 들었다. 그래서 그 학교에 일자리를 얻게 되었다. 내 나이 딱 서른 살이었다.

  아버지는 내심 내 방랑을 한심해하셨지만 아무 내색도 하지 않으셨다. 그러다 내가 새러 로렌스 대학에 일자리를 얻자 비로소 웃으시며, "조, 사실 난 네가 가방 끈만 긴 날건달이 될 줄 알았지 뭐냐."라고 말씀하셨다. 그리운 분이다. 나는 얼마나 행복한 아들이었던가!

  논리적이고 과학적인 사람들은 방랑을 이해하지 못한다. 그저 대책 없는 기이한 삶이라고 믿을지도 모른다. 그러나 방랑을 하는 동안 나는 신비할 만큼 유기적인 우연을 즐기게 되었다. 그것은 마치 나무가 자라는 것과 같았다. 나뭇가지 하나가 어느 날 한쪽에서 삐죽이 나오고, 다음에는 다른 쪽에서 나와 자라게 된다. 제멋대로 내버려두어도 나무는 훌륭하고 아름답게 자란다. 사람들이 기대하는 대로 살다 보면 오히려 일을 망치게 된다. 자신의 에너지가 움직이는 방향으로 빠져들어 지낼 일이다.

춤추는 사람은 사라지고 춤만 남는 경지에 이르라

　세계적인 비교종교학자이자 신화학자인 조지프 캠벨은 젊은 날 미국에서 대학을 졸업하고 유럽에서 2년 동안 공부하다가 귀국했다. 공교롭게도 그때가 바로 1929년 대공황이 시작된 해였다. 누구에게나 어려운 시절이었고, 그 역시 직장을 구하기 어려웠다. 이때 그는 평생을 좌우할 중대한 결심을 하게 된다. 헨리 데이비드 소로의 월든 호반에서의 생활을 따라 해보는 것이었다.
　캠벨은 우드스턱이라는 작은 마을로 들어갔다. 그리고 그곳에서 5년 동안 보고 싶은 책을 마음껏 섭렵했다. 그가 책을 읽어내는 방법은 매력적이었다. 마음에 드는 저자 하나를 골라 그 사람의 책을 씹어 먹듯 읽었다. 그렇게 한 저자를 들이파고 나면 그 저자가 중요하게 인용한 사람의 책으로 넘어가 같은 방법으로 지적 모험의 영역을 넓혀갔다. 한 저자는 또 다른 저자를 소개하고, 그 저자는 또 다른 저자로 연결되었다. 독서를 통해 가장 뛰어난 인류의 지적 유산으로 자신을 흠뻑 적시는 작업을 5년 동안 계속

했다. 그렇게 그는 자신의 현실을 꿈으로 채워갈 수 있었다. 겨드랑이에서 하늘을 나는 날개가 생기기 시작한 것이다.

이때는 경제적으로 빈한하기 이를 데 없는 시절이었으나, 캠벨은 미래에 대한 모든 걱정을 잠재우고 고독한 지적 모방과 배움으로 자신을 가득 채웠다. 이 기간 동안 그는 기초적인 공부를 마쳤다. 그는 우드스턱에서 나와 새러 로렌스 대학에 교수로 초빙되면서 세계적인 학자로 성장했다. 비교종교학자이자 신화학자로서 자신의 천복을 즐기며 가장 창의적인 인물 가운데 하나로 인생을 즐길 수 있게 되었다. 그의 인생은 우드스턱에서의 5년이라는 풍부한 저수지를 거치는 동안 결정되었다. 그는 과거를 베끼고 모방하는 것의 즐거움과 중요성을 잘 알고 있는 사람이었다.

나는 몇 년 전에 오스트리아를 방문했다. 마침 모차르트 탄생 250주년이 되는 해였으므로, 그의 고향인 잘츠부르크와 빈은 공연장마다 입추의 여지가 없었다. 죽은 모차르트가 오스트리아를 먹여 살리고 있었다. 부러웠다. 모차르트는 다섯 살 때부터 작곡을 시작했고, 여덟 살 때에는 공식 석상에서 피아노와 바이올린을 연주했으며, 평생 수백 곡에 달하는 작품을 발표했다. 그중 많은 작품들이 위대한 인류의 유산이 되었고, 더욱이 이 모든 업적은 35년 사이에 이루어졌다. 그런 그가 천재가 아니고 무엇이란 말인가.

그러나 최근의 연구들은 천재성에 대해 회의적인 쪽으로 확연히 기울고 있다. 재능은 탁월한 성과를 약속하지 않는다는 것이다. 모차르트의 성공과 관련해서도 그의 재능이 지나치게 과장되었다는 견해가 설득력을 얻고 있다. 아버지 레오폴트 모차르트는 당시 유명한 작곡가이자 연주자였으며, 어린 모차르트를 위해 헌신적이었다. 그는 모차르트가 어렸을 때부터 작곡을 가르쳤고, 연주를 위한 체계적인 훈련을 시켰다. 어린 시절 모차르트가 한 작곡들은 아버지가 '바르게 고쳐' 준 습작품들이었으며, 수많은 초기 작품들은 작곡가가 되기 위한 과정에서 훈련된 모방과 편곡들이었다는 것이다. 걸작으로 평가받는 첫 번째 작품은 모차르트가 스물한 살 때 작곡한 〈피아노 협주곡 9번〉이다. 그것은 모차르트가 이미 18년 가까이 혹독한 훈련을 받은 다음 나온 최초의 성과인 셈이다.

이와 유사한 연구 결과들이 속출하고 있다. 타이거 우즈는 과연 골프의 신동으로 태어났을까? 타이거 우즈의 성공 뒤에도 그가 걸음마를 시작하기도 전에 어린 아들의 손에 골프채를 쥐어준 골프광 아버지 얼 우즈가 있었다. 성공의 비결을 묻는 사람들에게 타이거 우즈가 한 대답 역시 재능과는 직접 관련이 없다. 그는 "내게 골프는 가장 존경하는 분, 바로 아버지를 닮으려는 노력이었습니다."라고 말한다. 열심히 노력하는 것, 그것이 바로 성공의 비결이라는 것이다.

세기의 명연설문인 링컨의 게티즈버그의 연설문은 전쟁터로 가는 기차 안에서 졸지에 만들어졌고, 부력을 발견한 아르키메데스는 과연 알몸으로 목욕탕에서 뛰쳐나오며 유레카를 외쳤을까? 모두 아니다. 게티즈버그 연설문의 초고들이 백악관에서 무더기로 발견되었으며, 아르키메데스가 욕조에서 뛰쳐나온 이야기의 원전은 어디서도 찾을 수 없다. 창의성과 통찰력, 그리고 천재성에 대한 그럴듯한 이야기들은 천재성에 대한 과장된 일화들에 지나지 않는다는 것이다.

이제 우리는 천재성과 통찰력에 대한 새로운 시각을 가질 필요가 있다. 천재들의 활동으로 알려진 위대한 성과의 비밀은 타고난 천재성의 결과라기보다는 오히려 침묵의 10년이라는 땀의 계곡을 행진해온 결과인 것이다. 모차르트나 타이거 우즈 모두 어려서부터 훈련을 받은 특별 수혜자들이었다. 그들은 '아버지'라는 우연에 의해 특별한 분야에 헌신하게 되었다. 그리고 오랫동안 계속되는 훈련을 견뎌냈다. 우리는 보통 이것을 '침묵의 10년'이라고 부른다. 적어도 이 정도의 긴 기간 동안 아무도 알아주지 않는 땀의 시간을 보내야 그럴듯한 창조적 작품이 나온다는 것이다. 최근에 이것은 '1만 시간의 법칙'으로 불리고 있다. 1만 시간을 채우기 위해 매일 좀 더 많은 시간을 훈련에 쏟는다면 10년이 채 걸리지 않아서도 전문가로 우뚝 설 수 있음을 보여주는 사례들이 많아졌다. 캠벨의 사례에서도 그의 방황은 우드스턱 5년으로 채워졌지만, 그는 5년 동안 1만 시간 이상의 땀을 집중적으로 쏟았기 때문에 '모든 기초 작업'을 끝낼 수 있었던 것이다. 침묵의 10년이든, 1만 시간의 법칙이든 메시지는 분명하다. 긴 시간 정교한 훈련 계획을 따라 연습하고 연습하라는 뜻이다. 천재성과 비범한 통찰력은 이 긴 시간 동안 한 분야에 쌓인 방대한 지식이라는 토양 위에서만 작동한다.

종종 너무 많은 지식은 오히려 창의성을 방해한다는 주장이 있지만 그렇지 않다. 뉴턴이 사과가 떨어지는 것을 보고 만유인력을 발견했다는 낭만적 이야기는 우연을 가장한 필연에 가깝다. 그는 평생 그 일만을 위해 애써온 과학자였다. 뉴턴의 방대한 지식 체계와 관심이 사과가 떨어지는 것을 보는 순간 홀연 모든 것을 꿰뚫는 통찰에 이른 것이다. 창의적인 면에서 21세기 과학사 최대의 기념비적인 사건인 DNA 구조의 발견을 이룩한 제임스 왓슨이나 프랜시스 크릭은 누구도 깨닫지 못한 결정적인 지식과 정보를 가지고 있었다. 우연처럼 보이는 영감과 통찰은 대체로 모두 이런 전문적 지식과 몰입의 산물들인 것이다. 탁월한 창조자들은 자신이 선택한 분야에 대한 오랜 헌신과 그 분야의 방대한 지식을 바탕으로 혁신을 만들어낸다.

따라서 우리가 가진 재능을 위대한 성과에 이르는 지름길로 활용하려면, 먼저 정교한 훈련 계획을 수립해야 한다. 그리고 '침묵의 10년'이라는 땀의 계곡을 행진해야 한다. 누구보다 더 깊이 한 분야에 몰입하고 헌신하여 전문성을 쌓아두어야 한다. 그러면 그

분야에 대한 방대하고 심원한 지식의 바탕 위에 자연스럽게 창의성과 통찰력 넘치는 걸작들이 만들어지게 된다. 이때 평범한 우리는 한 분야의 차별적인 창조자가 될 수 있다. 우연이 그저 운명이 되지는 않는다. 오직 땀으로 준비한 사람에게만 재능은 공명하여 위대한 창조적 작품을 선사하는 것이다.

세월과 반복의 힘, 천재조차 그것을 얻지 못하면 굴복하게 되어 있다. 역사 속 가장 흔한 사례가 바로 이 진실의 증명이다.

> 나는 서글프지만 나 자신이 그다지 자랑스럽지 않다는 점을 인정하지 않을 수 없다. 내가 살아온 방탕한 삶, 여성에 대한 지속적인 선입관, 친구들과 밤마다 보냈던 늦은 시간들, 극장, 연주회, 점심과 저녁의 풍성한 음식들, 그리고 무엇보다 이런 것들에 대한 나의 탐닉 때문에 나는 내 일에 전념하지 못했다. 연습한 많은 레퍼토리로 연주회를 준비했지만 더 나은 연주를 들려주겠다는 열정이 없었다. 악보에 충실하지 않았고, 전적으로 좋은 기억에만 의존했으며, 앙코르 곡으로 적당히 청중을 열광하게 하는 방법을 영리하게 체득했다. 한마디로 악보에 충실하게, 그리고 기술적 결함 없이 완벽하게 연주했다고 자랑할 만한 곡이 하나도 없었다. …… 나는 내가 진정한 음악가로 태어났다는 것을 알고 있었지만, 내 재능을 끊임없이 계발하는 대신 그것을 밑천으로 뜯어먹고 살고 있었다.

아르투르 루빈스타인은 다른 위대한 음악가들처럼 타고난 천재로 어렸을 때부터 신동으로 불렸다. 세계적으로 유명해져 어디를 가나 환대받고 주목받을 때 그는 자신에 대해 깊은 성찰을 하게 되었다. 그는 타고난 밑천만으로는 무한정 먹고살 수 없다는 것을 알았다. 밑천도 바닥이 나는 것이고 끊임없는 충전을 통해서만 심화된다는 것을 깨달았다. 그는 방탕한 삶을 접고 정착하여 가정을 이루었다. 그리고 더욱 규칙적으로 성실하게 레퍼토리를 연습했다. 대부분의 훌륭한 피아니스트들도 나이가 들면서 연주력이 떨어졌지만 그는 계속 대중에게 최고의 기량을 보여주었다. 언젠가 지인에게 이런 유명한 말을 했다.

"하루를 연습하지 않으면 내가 알고, 이틀을 연습하지 않으면 오케스트라가 알고, 사흘을 연습하지 않으면 세상이 안다."

평범함에서 위대함으로의 도약에서 가장 중요한 한 가지 실천적 비법을 꼽으라면 그것은 매일하는 훈련이다. 김연아는 한 인터뷰에서 "동작 하나를 익히기 위해 1만 번을 연습한다."라고 말한다. 그것이 김연아만의 대답이겠는가? 매일 할 때 기술이 늘어 기예가 되고, 어느덧 그 사람과 떨어질 수 없는 한 몸, 한 영혼이 된다. 이때 '춤추는 사람은 사라지고 춤만 남는' 경지에 이르게 된다. 화가는 사라지고 그림만 남고, 글 쓰는 작가는 어느덧 사라지고 글만 남는 경지는 매일의 훈련이 주는 기막힌 선물이다.

그러므로 훈련의 첫째 요소는 반복이다. 반복, 반복, 오직 반복, 대가(大家)가 되는 유일한 실천의 비법이다. 매일 훈련한다는 것은 결정적인 과정이지만, 그 훈련이 억지로 강압적으로 노예처럼 하는 것은 아니다. 깊어질수록 스스로 즐거움이 된다. 재능과 잘 일치된 훈련은 다른 것으로는 충족될 수 없는 몰입과 황홀함을 동반하게 되어 있다. 훈련은 땀이므로 노력이 수반되지만, 매일 하는 습관이므로 고통이 아니라 일상이다. 자신의 길을 가는 사람들만이 느끼는 천복을 좇는 숙명의 기쁨이 있다. 그것은 처음에는 강제된 훈련이었지만 점차 육화되어 기예가 되고, 이윽고 행위자는 사라지고 그 행위만 남는 경지에 이르게 된다. 이때 그것은 곧 그 사람의 삶의 정체성을 이루게 된다. 아르투르 루빈스타인은 피아니스트다. 피카소는 화가다. 버나드 쇼는 극작가다. 이것보다 그들을 더 잘 설명할 수 있겠는가?

그들은 그 분야의 전문가다. 우리는 전문가가 되기 위해 해당 분야에서 적어도 10년은 준비해야 한다는 10년의 법칙이나, 한 분야에서 두각을 나타내려면 적어도 1만 시간은 투입해야 한다는 1만 시간의 법칙을 기억해야 한다. 이것은 전문가가 되기 위해서 반드시 필요한 투자 행위인 것이다.

훈련의 두 번째 요소는 창조성이다. 반복하되 단순히 반복하지 않는다. 훈련 역시 창의적 진화를 하게 마련이다. 그 과정에서 불현듯 무엇을 어떻게 반복해야 하는지를 깨닫게 한다. 가장 뛰어난 춤꾼 가운데 하나인 마사 그레이엄은 이렇게 말한다.

"300년 동안 발전해온 발레를 활용하지 않는 것은 시간 낭비다. 나는 발레 자체와 싸운 적이 없다. 그러나 고전 발레의 경우는 뭔가 충분히 말하지 않는 것이 있다. 특히 강렬한 극적 상황이나 열정을 다루는 점에서 부족하다. 바로 이 부족함 때문에 내가 하는 종류의 작업이 필요했던 것이다."

이 말이 무엇을 뜻하는지 그녀의 훈련 방식을 보면 이해하게 된다. 한 예로 어떤 충격적인 일이 발생하면 사람들은 뒤로 허물어지듯 무너져 내릴 때가 있다. 고전 발레의 경우에는 무용수들이 이 극적 장면을 손이나 팔 혹은 신체적 몸짓을 가지고 표현해왔다. 그러나 마사 그레이엄은 실제로 무용수들이 아무런 안전장치 없이 뒤로 무너지듯 바닥에 쓰러질 수 있어야 한다고 생각했다. 그래서 그녀는 그 방법을 고안해냈다. 그녀의 학생들은 등의 힘과 골반의 동작, 그리고 바닥의 압력을 모두 의식해야 했다. 그녀는 감정을 손이나 팔의 몸짓이 아니라 근육의 수축과 이완, 긴장과 경련 등을 통해 표현하게 만들었다. 뱀처럼 똬리를 트는 동작을 통해 몸을 감았다 풀었다 하면서 신체의 유연성과 힘을 기르게 했다. 그녀는 바람직한 움직임을 제대로 전달하기 위해 생생한 이미지를 활용했다. 예를 들면 근육의 긴장은 낭떠러지에 서서 하늘을 보는 것과 같고, 이완은 땅을 보는 것과 같다고 말한다. 그녀가 원하는 것은 단순한 기예나 연기가 아니었다. 신체를 단련해야 하고, 다양한 경험으로 정신을 풍요롭게 해야 했다. 학생들은 고문 같은 훈련을 받았으며, 점차 근육질의 강인한 몸을 가지게 되었다. 그녀의 무용단의 일원이 된다는 것은 힘든 일이었다. 아무 보장도 없이 10년을 훈련받아야 비로소 군무 집단을 벗어나 4인 그룹에 들어갈 수 있었다.

  단 한 번의 제대로 된 도약을 위해 수천 번의 도약 연습을 해야 하는 것이 무용수들이다. 어떤 분야가 되었든 그 분야의 대가가 되려면 자연스러움과 간결함을 갖추어야 한다. 그것이 어렵다. 바로 이 경지에 다다르려면 오랜 세월이 필요하다. 세월을 견디는 것은 누구에게나 어렵고 고통스러운 일이다. 고통에 기쁘게 다가서려는 마음만이 이 길을 걷게 한다.

| 내게도 이런 일이 일어났을까? |

고독한 고요, 인류의 유산에 흠뻑 젖다

내게 묻는다. 내게도 침묵의 10년이 있었을까? 이 물음이 머릿속에 떠오르는 순간, 나는 이미 알고 있다. 너무도 명확하게 존재하기 때문이다. 1991년 IBM 아시아 태평양 경영심사관으로 활동하게 된 후, 말하자면 내 인생에 대해 더 높은 차원의 세계를 감지한 후 2000년 1인 기업가의 가능성을 가지고 회사를 나오기 전까지 근 10년간 나는 나를 훈련할 시간을 가지게 되었던 것이다. 나는 회사에서 맡은 업무들 중에서 '중요한 가치를 가지면서도 내 적성에 잘 들어맞는 전략적 업무'들에 집중했다. 그 업무에 관한 한 나는 누구보다 잘하기 위해 애썼다. 전략적 업무에 대한 나의 목표는 단순히 업무를 끝내는 것이 아니었다. 그 일들에 대한 내 목표는 '탁월함(excellence)'이었다. 최고의 수준을 지향했던 것이다.

특히 마지막 3년간은 회사에서 수련한 내용을 글로 정리하고 써내는 작업을 추가했다. 1997년 여름 이후, 나는 새벽 4시에 일어났다. 그리고 매일 아침 두세 시간씩 글을 썼다. 모두 변화경영에 관한 글이었다. 특히 세 번째 책 《월드클래스를 향하여》는 IBM 아시아 태평양 지역의 경영심사관으로 일했던 경험과 노하우를 정리하여 경영 평가 모델을 변용해낸 책이었다. 2000년 IBM을 떠나면서 나는 이 책을 나 자신에게 선물했다.

돌이켜보면 내 경우는 정말 '10년 동안 1만 시간'이라는 법칙이 거의 정확하게 맞아떨어졌다. 1991년부터 2000년까지의 기간도 그렇고, 투여된 시간의 합도 거의 맞아떨어졌다. 9년 동안 나는 변화경영과 관련된 전략적 업무를 탁월함의 수준까지 끌어올리기 위해 업무 시간 중 절반인 네 시간 정도를 매일 집중 투자했다. 네 시간씩 일주일에 닷새면 매주 스무 시간을 쓴 것이다. 1년은 대략 50주가 되니 1년에 대략 1,000시간을 쓰게 된 것이다. 9년 동안 9,000시간을 수련 기간으로 썼다. 거기에 마지막 3년 동안은 매일 두 시간씩 독학의 시간으로 새벽 두 시간이 추가되었다. 약 2,000시간이 더해졌으니, 9년 동안 1만 1,000시간 정도가 투여된 것이다. 2000년 이후 나는 변화경영전문가라는 1인 기업가가 되었다. 지금까지 새벽 4시에 일어난 지 13년이 되었다. 매일 새벽에 두세 시간씩 글쓰기를 하고 있다. 그리고 하루 두세 시간 정도는 책과 더불어 보낸다. 그러니 매일 다섯 시간 내외를 책을 읽고 글을 쓰는 작업을 하고 있다. 그 덕에 13년 동안 17권의 책을 내게 되었다. 앞으로도 매년 한 권의 책을 출간하는 것이 목표다. 그렇게 될 것이다. 이 낙관의 근거는 분명하다. '매일의 습관'이 나를 이끌 것임을 믿기 때문이다.

나는 대학에서 역사를 전공했다. 그 당시 내 꿈은 역사학 교수가 되어 모교에서 가르치는 것이었다. 그러나 그렇게 되지 못했다. 삶의 물결은 나를 그곳으로 인도하지 않았다. 역사학 교수가 되는 대신 20년을 직장인으로 멀리 돌아오는 동안, 나는 변화경영사상가가 되었고, 작가가 되었다. 지금 생각해본다. 스스로 계획하여 되고 싶었지만 되지 못한 역사학 교수와 긴 길을 돌아 어찌어찌하여 이르게 된 지금의 길 중 어느 것이 더 나다운지를 물어본다. 나는 지금이 좋다. 천복을 찾은 것이다. 그러므로 운명이 나를 이끌었다고 할 수 있다.

글을 쓰는 작가가 되어 생활하고 있는 내가 조지프 캠벨의 일생 중에서 가장 놀라워하고 부러워하는 부분은 젊었을 때 우드스턱에서 보낸 5년의 시간이다. 나도 젊은 시절에 그렇게 멋지게 인류의 유산으로 흠뻑 젖는 고독한 고요와 격렬함을 만날 수 있었다면 얼마나 좋았을까 하고 진심으로 부러워한다. 종종 고전의 숲을 거닐다 보면 고풍 어린 가옥과 어렴풋한 과거의 저잣거리를 걷게 되는데, 이런 퇴색하고 먼지 쌓인 풍광들이 어떻게 미래에 기여하게 되는지 궁금하다. 과거는 어떻게 미래의 가장 첨예한 부분에 닿을 수 있는 것일까? 여기서 우리는 인생의 도약을 위한 거부할 수 없는 실천 강령 하나를 얻을 수 있다.

과거와 싸우지 마라. 먼저 과거의 유산을 상속받으라. 부끄러움 없이 훔쳐 모방하고 반복하여 먼저 과거의 정점에 서도록 해라. 미래의 풍경은 그 산 너머에 있다. 그러니 매일 걸어라. 매일의 힘만이 꿈으로 인도하는 단 하나의 믿음직한 주술이다. 명심하라. 평범한 자가 비범한 자를 능가할 수 있는 유일한 길은 한 분야를 정하고 들이파는 것이다. 그러면 누구도 그 분야에 대해서는 너를 당할 자가 없을 것이니. 침묵의 10년을 보내라. 고독한 10년, 궁핍한 10년을 보내라. 누구든 우드스턱의 시대를 거쳐야 한다.

견딤 셋

여명처럼 고독을 지키다

다섯 번째 이야기는 고독을 견디지 못하면 존재를 지킬 수 없다는 이야기다.
스스로 깨달은 진실과 통찰을 오랫동안 지키고 매일 수련하다 보면
세상과의 괴리 때문에 고독해지게 마련이다. 아무도 알아주지 않는 일을 매일하는 것,
그것이 곧 고독이다. 고독에 지면 세상으로 다시 돌아오게 된다.
꿈은 사라지고, 평범한 곳으로 다시 되돌아온다. 고독을 견디는 자만이 위대해진다.

버려진 자의 평온 – 바뤼흐 스피노자

> 고독하다는 것은 사회보다 앞서 간다는 뜻이다.
> ─ R. W. 에머슨

아버지는 상인이었다. 그것도 성공한 상인이었다. 그러나 나는 그런 일이 적성에 맞지 않았다. 그래서 교회에서 시간을 보내는 것을 즐겼고, 유대인의 역사와 종교를 속속들이 섭렵하는 것이 재미있었다. 나는 긴 얼굴에 초승달과 같은 눈썹을 가졌고, 눈이 크고 선명했다. 공부를 잘했기 때문에 장로들이 나를 예뻐했다. 나는 닥치는 대로 신학 책을 읽었다. 그러다가 읽으면 읽을수록, 깊이 생각하면 생각할수록 확신이 불가해와 회의 속으로 빠져드는 것을 느꼈다. 호기심에 끌린 나는 그리스도 세계의 사상가들이 신과 인간의 운명에 대해 어떻게 생각하는지 연구하게 되었다. 나는 라틴어도 익혔다. 라틴어는 고대와 중세의 유럽 사상으로 가는 길을 터주었다. 그러나 이런 호기심과 근면이 나를 외로운 삶으로 이끌지 누가 알았겠는가?

1656년 당시 나는 스물네 살이었다. 겉으로는 평온하나 내적으로는 불안한 젊은이로 성장해가던 어느 날, 나는 유대교회당의 장로들에게 호출을 받았다. 그들은 내게 물었다.

"그대는 친구에게 '신은 육체를 가지고 있을지도 모른다.'고 말했는가? 또 '천사는 환상일지 모른다.'고 말했는가? 그리고 '영혼은 죽으면 사라지는 단순한 생명일지 모른다.'고 말했는가? 대답하라."

나는 대답하고 싶지 않았다. 그러자 그들은 내게 제안했다. 겉으로라도 교회와 신앙에 충실할 것을 맹세한다면 500달러의 연금을 주겠다고. 나는 거절했다. 진리는 거래의 대상이 아니라고 믿었기 때문이다. 그해 7월 27일 헤브라이 종교의식에 따라 나는 파문을 당했다. 나는 그들에게 불려가 파문의 의식에 참석해야 했다. 저주의 말이 읽히는 동안 이따금 커다란 뿔피리가 길게 꼬리를 끄는 처량한 소리를 냈다. 식이 시작할 때 환하게 타던 등불은 식이 진행됨에 따라 하나씩 꺼져 마침내 모든 등불이 꺼졌다. 파멸된 자의 영적 생명도 이처럼 사라진다는 것을 상징하는 의식이었다. 마침내 식에 참석한 모든 사람이 캄캄한 어둠 속에 남겨졌다

그리고 파문서가 읽혔다.

고하노라, 교법회의의 간부들은 일찍이 이 자의 나쁜 견해와 소

행을 충분히 확인하고 온갖 수단과 약속으로 그를 나쁜 길로부터 벗어나게 하려고 애를 썼다. 그러나 모든 노력은 수포로 돌아갔다. 이 자는 무서운 이단을 공공연히 떠벌려 세상에 이를 선전하고 퍼뜨렸다. 이제 많은 증인들 앞에서 장로들은 이 자의 유죄를 인정하노라. …… 이 자를 이스라엘 백성에서 제적하여 영원한 벌에 처하노라. …… 파문하고 저주하여 추방하노라. …… 그는 낮에도 저주받고 밤에도 저주받으며 잘 때도 저주받고 일어날 때도 저주받을 지어다. 주의 노여움이 지금부터 그 위에 임하여 모든 저주가 그를 압박하여 그 이름을 이 세상에서 지워버리실 것이다. …… 이로써 각자를 훈계하노라. 누구나 그와 입으로 말을 주고받지 말고, 글로 그와 의사를 주고받지 마라. 아무도 그를 돌보지 마라. 아무도 그와 한 지붕 밑에 살지 마라. 아무도 그에게 접근하지 말고, 누구도 그가 입으로 전하거나 글로 쓴 문서를 읽지 마라.

아들이 뛰어난 학자가 되는 것을 낙으로 삼고 있던 아버지는 나와의 인연을 끊었다. 누이동생은 나를 업신여기고 얼마 되지 않는 유산을 빼앗으려 했다. 친구들은 모두 나를 피했다. 이단 혐의를 숨겨주는 대가로 매년 일정한 돈을 내라는 제안을 거절하자, 어느 날 밤 한 흉한은 내게 단도를 들고 달려들었다. 몸을 피해 다행히 목에 작은 상처를 입는 것으로 모면할 수 있었지만, 위험은 늘 나를 기다리고 있었다. 동족 전체에게 버림 받고 가족과 떨어져서 나는 처절한 고독 속에서 살아야 했다. 고독처럼 무서운 것은 없었다. 그러나 나는 평온한 용기로 이 고독을 받아들였다.

이 고독과 불행을 견딜 수 있었던 것은 나의 철학과 믿음 때문이었다. 나는 미움이란 어떻게든 사랑해보려고 애쓰는 마음이라고 생각했다. 미움을 미움으로 갚으려고 할 때 나는 더욱더 증오로 차올랐다. 바르지 못한 보복적 증오로 복수하려 할 때 나는 비참해진다는 것을 알게 되었다. 나는 미움을 미움으로 갚는 대신 사랑으로 갚는 것이 미움을 더 쉽게 극복하는 것임을 깨닫게 되었다. 우리는 자신이 이길 수 있다고 생각하는 적을 미워하지 않는다. 미움이라는 것은 결국 자신의 단점과 두려움을 자백하는 것이나 다름없다. 나는 미움을 사랑으로 쫓아버리려고 애썼다. 그러자 기쁨과 확신이 찾아왔다. 정신은 무기에 의해서가 아니라 사랑과 너그러움에 의해 정복된다. 나는 언덕 위의 빛 속에 서 있는 듯했다.

또한 나는 신의 관점에서 세상을 보려 했다. 신에게 시간이란 실재하지 않는다. 과거도 없고 미래도 없다. 신의 관점에서 보면 미래란 과거와 다를 것이 없다. 그래서 미래에 일어나도록 예정되어 있는 일은 결국 일어나게 마련이다. 일어날 일은 일어난다. 반대로 일어나지 않을 일은 결코 일어나지 않는다. 다른 사람이 칼을 들고 나를 찌르려 했지만 나의 삶과 죽음은 이미 예정되어 있으니 죽을 운명이라면 죽을 것이고 죽지 않을 운명이라면 죽지 않을 것이다. 미리 두려워 덜덜 떨 필요가 어디 있겠는가? 나의 생각과 믿음은 책을 읽어서 얻은 것만이 아니다. 나의 일상이 나를 생각하게 했고, 나의 고독과 위기가 선생이 되어 내 사상을 조율하게 했다.

미래는 과거와 마찬가지로 변경되지 않도록 이미 고정되어 있는 것이다. 그러므로 희망과 공포는 둘 다 미래가 불확실하다는 생각에 의거한 것이기 때문에 지혜의 결핍에 의해 생겨난 망상에 지나지 않는다. 희망에 속지 말고 미래의 불확실성을 두려워할 필요가 없다. 따라서 자유로운 인간은 죽음을 아무렇지도 않게 생각하며, 죽음이 아니라 삶에 대한 명상을 통해 지혜를 얻어야 한다. 나는 나의 학설을 믿었다. 그리고 실천했다. 이후 나는 흥분하지 않았다. 분노에 휘둘리지도 않았다. 상대를 비난하지도 않았다. 만물이 다 필연적으로 일어난다는 사실을 이해하고 나면 감정에 휘둘릴 이유가 없었다.

테러 사건 이후 나는 이름을 바꾸었다. 바뤼흐라는 이름 대신 베네딕투스라는 가명을 쓰고 암스테르담 교외에 있는 아우델게르크의 조용한 다락방으로 옮겨가 살았다. 고독과 시련을 겪으면 사람들은 매우 표독해지거나 반대로 매우 온순해진다. 나는 다행히 매우 다정하고 평온한 사람이 되었다. 하숙집 주인 부부도 나의 온화함을 좋아했다. 나는 생계를 꾸리기 위해 렌즈를 연마했다. 이것은 내가 유별나게 가난해서만은 아니었다. 그 당시 유대인 학자들은 학문에만 힘써서는 생계를 유지할 수 없으므로 학자라면 누구에게나 생계를 유지할 기능을 익히게 해야 한다는 유대 율법이 몸에 배어 있기도 했다. 유대인들에게 노동은 신성한 것이며, 직업을 가지지 않은 학자는 결국 부랑인이 되어 사회에 짐이 될 뿐이라는 생각이 지배적이었다. 한 푼도 남길 수 없을 만큼 조촐하게 살았지만 나는 행복했다. 한번은 이성보다 신의 계시를 믿는 것이 어떠냐는 질문에 나는 이렇게 말했다.

"비록 내가 자연적 오성으로 수집한 결과가 진실이 아님을 알게 된다 하더라도 나는 그것을 불만으로 여기지 않을 것이다. 왜냐하면 내게는 그 자체가 유쾌한 것이기 때문이다. 나의 나날은 탄식과 슬픔 속에서가 아니라 평화와 밝음과 환희 속에서 지나가고 있다."

나는 변하기 쉬운 대상을 지나치게 사랑하여 집착하지 않으려고 했다. 인간의 한계를 인정하고 고결하게 사는 법을 익히는 것이 바로 나의 관심사였다. 우주적 차원에서 보면 내게 닥친 불행이란 궁극의 조화를 이루기 위한 일시적 부조화일 뿐이기 때문에 화를 낼 이유도 거부할 이유도 없다. 결국 만물은 모두 신의 일부이니 만물을 신의 한 부분으로 사랑하는 것이 신을 사랑하는 과정이다.

견뎌라, 아직은 나의 때가 아니다

바뤼흐 스피노자는 위대한 철학자들 중에서도 고결한 품성을 갖춘 매력적인 인물이었다. 버트런드 러셀은 그를 '지적인 면에서야 그를 능가할 철학자들이 몇 명은 되겠지만, 윤리적인 면에서는 아무도 그를 따르지 못할 만큼 최고 수준에 이른 철학자'라고 평했다. 그는 정적 속에서 조용히 살았으며, 렌즈를 갈아 번 돈으로 생계를 유지했다. 생활필수품은 간소하기 이를 데 없었고, 평생 돈에 무관심했다. 스피노자와 알고 지낸 몇몇 사람들은 그의 철학 원리는 인정하지 않아도 그를 인간적으로 사랑하고 존경했다. 특히 암스테르담의 부유한 상인인 시몬 드 브리스는 스피노자를 몹시 존경하여 1,000달러의 증여금을 주려고 했지만 스피노자가 거절했다. 그 후 드 브리스가 유언을 남겨 막대한 재산을 스피노자에게 물려주려 할 때도 스피노자는 그를 설득하여 동생에게 상속하도록 했다. '자연은 극히 적은 것으로 만족하고 있으니', 스피노자도 자연을 본받아 그렇게 살려고 했다.

스피노자는 유대인으로 태어났지만 유대인들에게 파문을 당했다. 생애 내내 이단의 인물로 기피 대상이었고, 죽어서 100년 동안 피해야 할 인물로 묘사되었다. 파문이라는 시련은 스피노자로 하여금 그저 촉망 받는 유대 신학자로 살아갈 인생을 '근대의 가장 위대한 유대인 철학자'로 살아가게 도약시켰다. 고독이 그를 위대하게 했다. 그는 평온을 사랑했으며, 무엇보다 철학적 사색의 자유를 방해하는 모든 것을 거부했다.

1677년 2월 20일 스피노자는 마흔네 살에 폐결핵으로 세상을 떠났다. 폐결핵은 그의 가문의 지병이었다. 그가 죽은 뒤 여러 부류의 사람들이 그의 죽음을 애도했다. 학자들은 그의 지혜 때문에 그를 존경했고, 순박한 사람들은 그의 다정함 때문에 그를 존경했다. 그러나 그 시대 대부분의 사람들은 그를 이단으로 취급하고 '죽은 개처럼' 평가했다.

세상의 평가와는 무관하게 그의 사상은 그 후 모든 철학에 스며들었다. 어떤 학파도 만들지 않았지만, 그의 사상은 쇼펜하우어의 '살려는 의지', 니체의 '권력에의 의지', 베르그송의 '생의 비약'으로 이어졌다. 죽은 지 200년이 지난 다음에 헤이그에 그의 동상이 세워졌다. 세계 각처에서 기부금이 모였다. 그의 기념비는 넓은 사랑의 대좌 위에 세워졌다. 1882년 제막식에서 에르네스트 르낭은 다음과 같은 기념사를 했다.

이 온화한 사상가의 동상에 모욕적 언동을 하며 지나가는 자에게 화가 있으라. 그러한 무리는 모든 천한 자가 천하다는 이유로 벌을 받고, 신성한 것은 이해할 수 없다는 것에 의해 벌을 받는 것과 같이 벌을 받게 될 것이다. 이 사람은 이 화강암의 대좌 위에서 모든 사람에게 자신이 발견한 행복의 길을 가르쳐줄 것이다. 앞으로 영원토록 이 동상 앞을 지나는 교양 있는 나그네들은 마음속으로 이렇게 생각하게 될 것이다. '신다운 모습을 가장 쉽게 찾을 수 있는 곳은 바로 여기'라고 말이다.

고독은 모든 위대함의 필연적 보상인지도 모른다. 나는 또 한 사람의 고독에 대해 말하려고 한다. 고독에 치여 정신의 위기에 처한 모든 사람을 치료하려고 했던 20세기 최고의 정신 의학자의 고독에 대해 말이다.

"나는 이곳에서 혼자 외로이 신경증을 연구하고 있네. 사람들은 나를 편집광이라고 생각하는 모양이야. 내가 자연의 위대한 비밀 하나를 풀었다는 느낌이 확실한데도 말이야."

1895년 프로이트는 친구 프레데릭 플리스에게 편지를 보냈다. 플리스는 외로운 프로이트에게는 세상으로 가는 문이었다. 학문적 연구의 과정을 거치며 어떤 때는 세상을 다 얻은 기쁨에 휩싸였지만 문제가 풀리지 않거나 주위의 동의를 얻어내지 못할 때는 한없는 절망의 나락으로 빠져들었다. 주위의 반응과 외로움은 심한 감정적 동요를 거치게 했다.

1900년 11월 25일 그는 '외국어로 말하는 사람처럼, 아니 훔볼트의 앵무새'(독일의 박물학자인 알렉산더 폰 훔볼트는 남미를 탐험하던 중 한 원주민 부족에게서 앵무새 한 마리를 얻었다. 그는 이 앵무새가 그 원주민들이 이웃 부족을 몰살시킨 다음 얻은 전리품으로 몰살된 부족의 언어를 알고 있는 유일한 생존자라는 것을 알게 되었다. 프로이트는 결국 이 새처럼 고립무원의 상황에 처해 있었다)처럼 그저 묵묵히 살아갈 뿐이라고 토로했다. 외로움은 길었다. 1913년 신경쇠약 직전까지 간 프로이트는 이렇게 회고한다.

> 당시 나는 고독의 극에 달해 있었다. 옛 친구는 모두 잃었고, 새 친구는 아직 생기지 않은 상태였다. 아무도 나를 주목하지 않았다. 그나마 내 일을 계속할 수 있었던 것은 오기 때문이기도 하려니와 《꿈의 해석》을 막 집필한 참이었기 때문이다. 다른 한편으로는 그런 시기를 살아내고 견뎌내서 긍지와 행복을 느낀다.

스피노자나 프로이트에게만 고독이 있었던 것은 아니다. 이제부터 나는 자신의 삶을 자신의 생각에 모두 바친 또 한 사람의 이야기를 더하려고 한다. 그 사람은 바로 니체다. 그는 "누구든 그 사람에 얽힌 일화 세 가지만 들으면 그 사람의 특성을 알 수 있다."라고 말한 적이 있다. 그의 주장에 따라 세 가지 일화를 통해 그가 어떤 위대함의 궤적을 따라갔는지 추적해보자.

첫 번째 일화는 그 인생의 시작점인 소년이었을 때의 일이다. 그는 어려서 '꼬마 목사'라고 불렸다. 자존심이 강하고 불굴의 인내력을 가지고 있었다. 어려서 겪은 가장 특이한 일은 학교 친구들이 무티우스 스케볼라(Mutius Scaevola: 전설 속 로마의 용사로 에트루리아의 왕 포르센나를 죽이려다 붙잡혀 오른손이 재단의 불길에 태워졌다. 하지만 의연하게 맞서며 로마에는 자신과 같은 용사가 300명이나 있다고 말하여 포르센나가 로마의 포위를 풀고 돌아가게 했다고 한다)의 전설을 믿으려 하지 않자 한 묶음의 성냥을 손바닥 위에 올려놓고 다 탈 때까지 손을 움직이지 않은 사건이다. 그는 '소녀의 혼이 무사의 갑옷을 입고 있는 듯' 했다. 틀림없이 그는 철학계의 잔 다르크 같은 영웅이었다. '초인'에 대한 동경은 여기서부터 가닥을 잡아간 듯했다.

두 번째 니체의 삶의 변화는 장년의 절정기에서 병으로 죽을 뻔한 기간을 벗어나 유럽을 떠돌다 로마에서 스물한 살의 러시아 여인 루 살로메를 만났을 때 절정에 달한다. 죽음을 가까이 둔 생활은 죽음과의 투쟁에서 얻은 의지뿐 아니라 태양과 생명, 웃음과 같은 삶의 긍정성도 되돌려주었다. 그는 부드러워지고 여성을 그리워하게 되었다. 그러나 마음에 둔 루 살로메는 그의 사랑에 응하지 않았고, 니체는 고독과 침묵 속으로 도망갔다. 섬세하고 다혈질이며 '정신적 풍요에 도취된 인물'이었던 그는 쓸쓸한 고원에서 그의 최고작을 쓰기 시작한다. 《차라투스트라는 이렇게 말했다》(1883)는 이때 쓰이고, 이렇게 시작한다.

> 차라투스트라는 서른 살이 되었을 때, 고향과 고향 호수를 떠나 산으로 들어갔다. 10년 동안 산에서 지내는 동안 그는 자신의 정신 세계와 고독을 즐기느라 지루함을 전혀 느끼지 않았다. 그런데 어느 날 갑자기 마음에 변화가 왔다. 붉게 물든 동녘 하늘을 보며 일어난 어느 날 아침, 그는 태양을 보며 말했다.
> "위대한 태양이여, …… 매일 아침 당신을 기다렸고, 당신에게서 넘쳐나는 것을 받았고, 감사와 축복을 보냈다. 나는 나의 넘치는 지혜에 싫증이 났다. 너무 많은 꿀을 모은 꿀벌처럼. 이젠 도움을 달라는 손길이 필요하다. 나의 모든 지혜를 나누고 싶다. …… 그리하여 나는 저 아래로 내려가야만 한다."

이 책은 그의 최고의 걸작이다. 이때 그의 믿음은 최고조에 달했다. 이 책은 니체의 복음서이며, 그 후에 쓰인 다른 책들은 모두 이 책의 주석에 지나지 않는다. 신은 죽었고 초인이 살기를 원한다. 지금이야말로 인간이 스스로 표적을 세우고, 인간이 그 지고한 희망을 심을 때라고 외친다. 이것은 인생을 긍정하는 가장 용감한 형식의 선언이다. 니체의 철학은 차라리 하나의 아름다운 시다. 그래서 철학자 윌리엄 듀랜트는 '그것은 철학이 아니라 시일 것'이라고 말한다. 정말 그렇다. 그의 시는 차라리 잠언에 가깝다.

> 언젠가 많은 것을 가르쳐야 할 이는
> 많은 것을 가슴속에 말없이 쌓아둔다.
> 언젠가 번개에 불을 켜야 할 사람은
> 오랫동안 구름으로 살아야 한다.

 이 시는 〈언젠가 많은 것을……〉이라는 니체의 시다. 그는 멋진 시인이기도 했다. 그는 자신을 '인간이 아니라 다이너마이트'라고 표현했다. 그 다이너마이트는 아마 하늘을 빛내는 초인표 폭죽이었을 것이다. 그러나 이 위대한 책은 40부밖에 팔리지 않았다. 그나마 일곱 부는 기증본이었다. 시대는 그를 이해하지 않았고, 그처럼 고독한 사람은 결코 없었을 것이다. 그는 자신의 시대를 구름으로 살았다.
 나는 그의 위대함에 대한 세 번째 장면을 그의 죽음 근처 쓸쓸한 초상에서 찾아본다. 니체는 1900년에 정신병원에서 죽었다. 어머니가 돌봐주었지만, 어머니가 죽은 후 3년 동안은 누이동생이 보살펴주었다. 죽기 전 어느 날 정신이 맑아졌을 때, 그는 기쁨에 찬 어조로 "아, 나도 좋은 책을 몇 권인가 썼지."라고 말했다고 한다. 그는 자신의 책처럼 살다 갔다. '늘 자신을 넘어서 있는 자신을 창조해가려 했고, 그런 후에 장렬하게 단명한 목숨을 끝내고 몰락해가는 자를 사랑하듯' 그는 그렇게 살았다. 막판의 삶은 그에게 지독한 고통이었던 모양이다. 언젠가 그는 "나는 인간이 왜 웃는지 알고 있다. 웃지 않고는 견딜 수 없을 만큼 심각하게 괴롭기 때문이다."라고 말했다. 그는 웃음조차 웃을 수 없는 신경쇠약에 걸리고 말았다. 그러나 막판의 니체가 불행했던 것만은 아니다. 그가 미친 것은 '자연의 자애로운 배려였고, 젊어서 그렇게 완강했던 저항 대신 쇠잔한 평화와 안정'을 얻게 되었기 때문이다. 그는 알고 있었다. 그래서 그는 "나 자신의 때가 아직 오지 않았다. 내가 미리 통찰한 몇 가지 일들은 죽은 뒤에 나타날 것이다."라고 써두었다. 그는 자신의 천재성에 혹독한 대가를 치른 고독한 사내였다. 그는 철학자이기 이전에 제 길을 가기 위해 발버둥친, 숭고한 불만과 고독으로 가득한, '인간을 넘어서려는 불가능한 꿈을 품은 인간'이었다.

고독이 위대함으로 가는 길이라는 것은 분명하다. 시대를 앞서가는 고독이 없이는 결코 위대해질 수 없다는 뜻이다. 나는 한 사람 더 그의 고독에 대해 말하려고 한다. 1905년 젊은 피카소는 유럽 문화의 한복판인 파리에서 비교적 인정받는 화가가 되었다. 그는 이름을 알리기 시작했고, 화상이나 애호가들에게 당당하게 자신의 그림 값을 요구할 만한 브랜드 파워를 가지기 시작했다. 이쯤 되면 웬만한 사람은 지금의 화풍을 유지하고 같은 양식을 고수했을 것이다. 그러나 피카소에게는 현재의 영광에 만족하지 못하는 어떤 뿌리 깊은 욕망이 있었던 것 같다. 어려서부터 기존의 그림을 해체하고 다른 시도를 해왔던 것처럼, 그는 성공을 가져다준 양식과 화풍을 해체하기 시작했다. 화가라는 전문가로서, 예술가로서 그는 끊임없이 새로운 실험과 도전을 통해 새로운 경지에 다다르고 싶어 했고, 새로운 깊이를 위해 가차 없이 자신을 던져 넣었다. 폭풍 같은 에너지로 수없이 많은 그림을 그렸으며, 그의 주요 작품들은 하나하나가 모두 미술사의 결정적 전환점을 이루는 작품이 되었다.

새로운 경지에 도달하려는 실험 정신은 오만할 만큼 자신에 대한 신뢰를 가지게 했다. 〈거트루드 스타인의 초상〉(1906)은 그리는 과정이 유난히 특별했다. 피카소는 모델에게 여든 번이나 앉아 있기를 요구했는데, 정작 그림을 그릴 때는 여름 여행을 떠나 알아볼 수 있는 얼굴을 지우고 가면 같은 얼굴을 그려 그림을 완성하게 되었다. 초상화가 스타인을 닮지 않았다는 비난을 듣게 되자, 그는 세기의 농담으로 알려진 유명한 말을 하게 된다.

"걱정할 것 없어. 결국 스타인이 이 그림을 닮게 될 테니까 말이야."

실제로 그는 재능을 갈고 닦으려면 결국 자신만의 길로 들어서는 고독을 감내해내야 한다는 것을 알고 있었던 것 같다.

과거는 더는 내게 흥밋거리가 되지 못한다. 나 자신을 베낄 바에야 차라리 다른 사람을 모방하겠다. 그러면 적어도 새로운 면을 추가할 수 있을 테니까 말이다. 난 새로운 것을 좋아한다. …… 화가란 결국 무엇인가? 다른 사람의 소장품에서 본 그림을 그려서 자신의 소장품으로 만들고자 하는 수집가 아니겠는가? 시작은 이렇게 하더라도 여기서 색다른 작품이 나오는 것이다.

피카소에게 그 당시의 외로움은 '찬란한 고립'이었고, 일종의 '영웅시대'였다. 하워드 가드너는 '위대한 비약을 이루기 직전의 정신 상태를 회고할 때 감정상의 절정과 추락이라는 심리적 현상을 거치는 것이 일반적'이라고 말한다. 살아생전에 모든 영광을 다 받고 간 피카소조차도 이런 고독에 시달렸다. 피카소의 창조성을 들어내는 획기적인 작품으로 평가받고 있는 〈아비뇽의 처녀들〉은 다섯 명의 창부를 그린 1907년 작품이다. 이 작품을 그린 스케치 노트만 여덟 권에 이른다. 이것은 머릿속에 맴돌고 있는 이미지를 기하학적인 모습으로 재현하기 위한 노력이었다. "자연 속에서 지각된 대상들은 모두 원통, 구, 원뿔의 형태로 존재한다."는 세잔의 말처럼, 그 역시 인간과 사물 속에 내재한 기하학적인 형태를 찾아내 변형시킴으로써 자신만의 표현 방법을 찾기 위해 애썼다.

〈아비뇽의 처녀들〉은 갈등과 불균형으로 가득하다. 부드러운 육체의 곡선과 조악하고 모난 형태가 부딪히고, 부드러운 색조와 거친 색조가 충돌한다. 그리고 누구에게나 피카소의 작품이라는 것을 느끼게 하는 다중시선이 등장하기 시작한다. 결국 이 그림은 입체주의로 가는 길목에 있던 갈림길이었다. 화상 다니엘 헨리 칸바일러는 이렇게 회고했다.

"그가 느낀 정신적 고독이란 참으로 공포스러웠을 겁니다. 다들 괴상하고 기형적인 작품이라고 말했으니까요."

피카소 역시 인정받지 못한 고독에 대해 이렇게 말했다.

"그림은 자유다. 도약하다 보면 밧줄을 놓쳐 추락할지도 모른다. 하지만 목이 부러질 위험을 피하려면 도약하지 않는 것뿐이다. 그들이 인정하지 않는 이미지를 창조해야 한다."

당시 젊은 피카소의 초기 작품들은 이미 인정을 받고 있었으니 새로운 실험과 파격은 평판을 얻기 시작한 그의 입지를 위험하게 만들 수 있었다. 하지만 그는 늘 도약하기를 바랐다. 그에게 익숙한 소재인 소와 말, 가족, 가정용품, 그리고 여신과 가련한 여인으로 대변되는 두 유형의 여인은 수십 년 동안 반복되는 소재였지만, 그는 언제나 이런 것들을 다채롭게 변형시켜 늘 새롭게 활용했다. 그의 작품은 그의 정신적 변천사였다. 스스로도 '내 작품은 나의 일기'라고 말했다. 어쩌면 작품 세계를 함께 나눌 수 있었던 가장 충실한 대화 상대는 그의 일기장인 스케치북뿐이었는지도 모른다. 그는 늘 대중과 게임을 벌였지만 준비되지 않은 대중과 맞서야 했다. 그것은 당시에는 이해받지 못하는 찬란한 고립이었다.

스피노자, 프로이트, 니체, 그리고 피카소만 고독했던 것이 아니다. 갈릴레오 갈릴레이는 비난과 투옥에 시달렸다. 심지어 그의 과학적 스승인 조르다노 브루노는 말뚝에 묶여 화형에 처해졌다. 찰스 다윈은 격렬하게 비난받았고, 빈센트 반 고흐나 요한 세바스찬 바흐 모두 생전에 크게 인정받지 못했다. 존 케인스 역시 무시당했다. 모두 위대했지만, 종종 그 시대는 그들을 이해하지도 존경하지도 않았다. 오히려 그들은 멸시받고, 조롱받고, 심지어 살해당했다. 그들의 위대함은 후대가 되어서야 빛나게 되었다. 외로움과 절망의 과정으로 단련되지 않은 사람이 이룰 수 있는 위대함은 없는지 모른다. 고독은 마치 영혼의 고통을 담은 용광로 같아서 반드시 거쳐야 하는 제련 과정이다.

세상의 생각 대신 자신의 생각을 가진다는 것은 위험한 일이다. 그것은 고독이라는 대가를 치러야 한다. 외로움이란 바로 자신의 생각에 빠져들고 세상에 이미 알려진 상식적 삶에 질문을 퍼붓는 것이기 때문이다. 자신의 생각은 고독을 만들고, 고독은 철학을 가짐으로써 위대한 생각으로 나아간다. 사람들은 늘 투덜거린다. 철학자가 쓴 책처럼 어이없는 것은 없고, 쓸데없는 기우로 가득하고, 만족을 모르는 생각은 극단까지 가려 하고, 무지처럼 모호하다고 말이다. 그래서 과학은 늘 전진하는 것처럼 보이고, 철학은 언제나 쇠퇴하는 것처럼 보인다고 말이다.

그러나 그것은 철학의 탓이 아니다. 철학은 여전히 과학으로 대답할 수 없는 것들, 즉 질서와 자유, 선과 악, 삶과 죽음, 사랑과 미움 같은 것들을 잔뜩 껴안고 '숭고한 불만과 불확실한 미지의 세계에서 발을 빼지 않기' 때문이다. 그것은 인생의 의미를 찾아 일상의 필요와 성공으로부터 무수히 얻어터지지만 굴복하지 않는 정신으로 빛난다. 그리하여 나는 다시 알게 된다. 철학에서 멀어지면 삶은 먹고 과시하는 저잣거리의 인생으로 전락한다는 것을 말이다. 결국 철학이 없으면 우리는 삶이라는 위대함에서 멀어질 수밖에 없는 것이다. 윌리엄 듀랜트는 《철학이야기》에서 이렇게 말한다. '생존의 조잡한 필요에 의해 사상의 언덕에서 경제적 투쟁과 획득의 시장으로 질질 끌려 내려올 때까지' 철학은 얼마나 즐거운 매력이었는가!

철학이 없는 뛰어난 인물은 없다. 왜냐하면 철학은 질문이기 때문이다. 그러니 의심하지 않고 질문하지 않는 사람이 도대체 어느 분야에서 뛰어난 사람이 될 수 있겠는가? 그러므로 카를 야스퍼스의 말은 옳다. '철학이란 도중에 있는 것이며, 질문은 대답보다 중요하며, 모든 대답은 새로운 질문이 되는 것'이다. 그것은 생활 속에 있다. 그러므로 제대로 살고 있다는 것은 철학을 한다는 뜻이다. 그것은 내적인 대화이기 때문에 플라톤과 헤겔의 책을 뒤적이지 않아도 좋다. 세상은 질문을 좋아하지 않을지 모른다. 그러나 삶은 질문 없이는 살 수 없다. 철학은 바로 삶에 대한 질문이다. 철학이 삶에 수많은 질문을 던지는 동안, 우리는 오랫동안 세속적으로 성공하지 못할지도 모른다. 당연히 가야 할 길 앞에서 멈추어 서게 하거나, 편하고 검증된 길을 마다하고 길 없는 벌판을 헤매게 하기도 한다. 초인은 안전제일을 미워하며, 먼 여행을 하는 사람을 좋아하고, 위험 없는 인생을 사는 것을 싫어하며, 평범한 군중의 일부가 되는 것을 거부한다. 한 세기에서 2년이 모자라는 생애를 산 버트런드 러셀은 자신의 자서전에 "거짓과 더불어 제정신으로 사느니, 진실과 더불어 미치는 쪽을 선택하고 싶다."고 썼다.

어느 날 새로운 생각이 스며들고, 어느 순간 그들은 그 생각을 옹호하고 따르고 실천한다. 새로운 생각은 생전에 세상에 의해 받아들여지는 행운을 얻기도 하지만, 죽을 때까지 배척받다가 외로운 죽음 이후에 그 위대함을 인정받기도 한다. 세상의 중심을 벗어나 그 시대의 경계를 넓히는 생각, 세상 너머에 있는 생각, 표면의 내부에 존재하는 심연의 생각은 종종 광기로 인식되었고, 그들은 정상적인 논리로 자신들의 광기 어린 생각을 변호하기도 했다. 위대함의 결정적 증거는 '새로운 생각의 힘'이다. 그것은 세상을 바꾸었다. 그것은 단순한 아이디어를 넘어 하나의 믿음의 체계인 것이다. 우리는 그것을 철학이라 부른다.

생각이 우리를 불행하게 한다. 그러나 생각이 우리를 위대하게 한다. 이 세상에 성공한 사람은 많다. 그러나 철학이 없으면 결코 위대해질 수 없다. 성공했으나 천박한 자는 철학이 없기 때문이다. 평범함을 넘어선 모든 사람은 자신의 생각을 따른 사람들이다. 자신의 생각대로 살아볼 수 있는 제 세상 하나를 가진 자, 그들이 바로 평범함을 넘어 자신을 창조한 인물이다.

| 내게도 이런 일이 일어났을까? |

새벽의 축조물, 홀로 살아야 하는
불안을 견딘 나의 책

나는 변화경영사상가다. 글을 쓰니 작가고, 강연을 하니 강연가지만, 이것에 굳이 직업적 의미를 두면 혁명가에 가깝다 할 수 있다. 왜냐하면 잠재력의 운무 속에 잔뜩 가려진 위대한 자신을 발견하라고 선동하기 때문이다. 살고 싶은 대로 살아보라고 외쳐대기 때문이다. 인생의 가장 큰 죄는 인생을 낭비한 죄라고 압박하기 때문이다. 혁명가는 본질적으로 선동가일 수밖에 없다.

혁명가는 가슴에 불가능한 것을 품고 있는 사람이다. 나 역시 매일 꿈꾸는 법을 훈련한다. 불가능한 꿈을 꿀수록, 매일 그 불가능을 믿는 훈련을 통해 정신 근육은 단련된다. 불가능한 일을 믿을 수 없다고? 그것은 소용없는 일이라고? 그럴지도 모른다. 그러나 위대한 일 중 어느 하나도 한때 불가능하지 않았던 적은 없다. 누군가 꿈을 꾸고 목표를 정하는 순간 그것은 현실의 세계로 이끌려왔다. '가슴에 불가능한 꿈을 품자. 매일 꿈꾸는 연습을 하자. 아침밥을 먹기 전 불가능한 일 하나씩을 믿어보자.' 이것이 내가 매일 새벽에 하는 일이다. 이것은 곧바로 내가 글을 쓰는 행위로 이어진다.

나는 새벽에 꾼 꿈들을 가지고 하루를 시작한다. 그러니까 아마 70퍼센트 정도는 미쳐 있는 상태에서 하루를 맞이하게 되는 것이다. 하루의 태양이 떠오르는 동안 잠재력이라는 자욱한 안개 속에서 새벽 강을 따라 흐르며 꿈꾸었던 것들은 정체를 드러낸다. 현실의 빛 앞에서 무력하게 무너지는 환영들을 본다. 그러나 모든 것이 다 무너지는 것은 아니다. 그 속에서도 무너지지 않고 버티고 서 있는 거대한 성채 하나가 여전히 있다. 나는 안도한다. '저것이 나의 제국이다.' 매일 같은 꿈을 꾸고 또 새로운 꿈을 더해갔기에 이 반복된 축조의 노력에 의해 햇빛 속에서도 내 상상의 산물은 여전히 굳건하다. 매일 조금씩 명료한 실루엣을 가지기 시작한다.

새벽의 축조물인 나의 책들은 현실로 탄생하지만, 그 속의 내용들은 꿈들이다. 현실에 굴복하지 않는 꿈들. 나는 그것이 또 하나의 현실이라는 것을 믿어 의심치 않는다. 이제는 알게 되었다. 믿음의 체계가 곧 현실인 것이다. 가슴속 깊은 곳의 믿음을 바꾸는 순간 나의 인생도 바뀌었다. 인생은 믿음이 자신을 구현해가는 것이라고 생각한다. 나는 완성이 삶의 목표가 아니라고 생각한다. 삶, 그 자체가 삶의 목표다. 그러므로 멈추어 서는 순간 더는 살아 있는 것이 아니다. 늘 살아 있음, 이것이 삶을 시처럼 사는 것이다. 시는 황홀로 쓰이는 것이니, 이때 마음속에서 신을 만나게 된다.

나는 늘 나를 변화시킬 수 있다고 믿는 그런 종류의 사람이다. '나는 나를 혁명한다.'라는 선동이 오랫동안 내 안에서 조금씩 자라 나의 나무가 되었다. 이 나무는 점점 더 자라 울창해졌고, 그 안에 아름다운 것들을 품게 되었다. 풍성한 잎사귀들 틈으로 꽃을 피우고, 향기를 품어내고, 붉은 열매를 맺고, 황홀한 단풍으로 물들기도 한다. 내 안에 키운 내 나무, 나는 이것을 사랑한다.

'나를 혁명한다.'는 것이 무엇인지 아름답게 묘사한 글이 있다. 헬가 쾨니히스도르프라는 이상한 이름을 가진 작가의 동화 속에 〈어린 왕자와 나무 빛깔 눈을 가진 소녀〉라는 이야기가 있다. 그 속에 다음과 같은 대목이 있는데, 나는 이 아름다운 장면을 내 심상의 하나로 간직하고 있다. 특히 젊은이들에게 늘 반복하여 보여주고 싶은 장면이다. 눈을 감고 이 영상을 느껴보라.

> 어린 왕자는 사람이 기쁘지 않으면 장미까지도 불행하게 만들 수 있다는 것을 깨달았다. 그는 풀밭에 앉아 생각에 잠겼다. 그때 그는 거미줄에 둘러싸인 나뭇잎 속에 매달려 있는 번데기를 보았

다. 무언가 그 속에서 움직이고 있었다. 번데기에 금이 가고 조그만 다리 하나가 나왔다. 그리고 검은 머리가 보였다. 비틀거리며 나비 한 마리가 바깥으로 몸을 내밀었다. 아직은 형편없이 구겨진 모습이었다.

"안녕." 어린 왕자가 말했다.

"잠깐만." 자신의 흉한 모습이 드러나자 고통스러워하며 나비가 대답했다.

나비는 태양을 향해 버둥대며 앞발로 날개를 쓰다듬었다. 그리고 날개를 천천히 펼쳤다. 그 날개는 붉은 띠 하나와 하얀 반점들이 군데군데 찍혀 있는 검은 벨벳 같았다. 나비는 여유롭게 몸을 닦고 윤을 냈다. 그리고 날개를 수평으로 내리기도 하고 태양을 향해 세우기도 했다.

"안녕." 마침내 정신을 차린 나비가 말했다.

"정말 놀라운 일이구나." 어린 왕자가 소리쳤다. "그 우중충한 껍질 속에 이렇게 아름다운 모습이 들어 있다니. 꿈에도 생각하지 못했어."

"누구나 자신을 계발해야 해." 나비는 이렇게 속삭이며 기울고 있는 석양빛 속으로 나풀거리며 날아들어 갔다.

이것이 내가 이루려는 혁명이다. 나는 이 장면을 마음속에 품어두었다. 나의 내면에도 방기되고 마비된 많은 것들이 쌓여 있을 것이다. 흉하고 초라한 것 속에 구겨져 있는 나비, 때가 되어 껍데기를 벗으리라. 나의 혁명에 성공하리라. 그리고 파란 하늘을 날게 되리라. 이것은 얼마나 멋진 푸른 혁명이냐!

　사람은 자신이 꿈꿔내지 못한 것을 이루어낼 수 없다. 나비 혁명이 가능하려면 내 안에 이미 가지고 있는 내면의 힘을 응시해야 했다. 어떤 사람들은 자신을 탐사하지 않는다. 그 대신 세상이 요구하는 함성에 귀 기울인다. 세상이 돈 돈 돈 하면 돈을 따르고, 모두 명품을 찾으면 명품이 자신을 대신하는 정체성이 되고 만다. 결국 다른 사람들이 원하는 것을 함께 원하여 가지게 되더라도 그것이 '나의 나비'가 되는 법은 결코 없다.

　나는 작가라는 한 번도 시도하지 않은 불가능을 가슴에 품었다. 그리고 작가가 되었다. 그러나 '불가능한 것을 믿는 것'만으로는 혁명을 이룰 수 없다. 혁명을 이루게 하는 것은 실천이기 때문이다. 실천은 곧 시간이 누적적으로 쌓인 것이다. 나는 매일 새벽에 일어나 글을 쓴다. 나처럼 평범한 사람이 매년 한 권의 책을 낼 수 있는 힘은 여기에 있다. 매일이 모여 1년 만에 책 한 권이 되며, 매년이 모여 인생이 되고, 나는 수십 권의 책을 쓴 작가가 되어 있을 것이다. 하루의 경영에 실패하면, 화가가 손을 뗀 그리다 만 그림처럼 꿈은 초라해진다. 한 줄기 무상의 바람이 불고 이내 꿈은 추억이 된다. 꿈은 흔적만 남아 미련이 되고 몸은 하루의 밥벌이에서 벗어나지 못할 때, 우리는 불행하다. 그리고 그 불행은 페스트처럼 직장을 휩쓴다.

나를 혁명하자. 어떤 나이든 그 나이는 혁명하기 더 없이 좋은 나이다. 그러나 혁명가들은 외롭다. 자신의 꿈을 세상에 외치기 때문이다. 나는 경영인도 아니고 경영학자도 아니다. 나는 그들의 무리에 끼지 않는다. 나는 문인도 아니고 시인도 아니다. 그렇다고 철학자도 아니다. 나는 어디에도 분류되어 끼지 않는다. 그것이 바로 내가 존재하는 방식이다. 그리고 성공한 이유이기도 하다. 나는 나의 골목길을 발견했다. 누구도 가보지 않은 곳, 그 길이 아무리 좁아도 내 길이라는 것, 고독이 가장 효과적인 무기라는 것을 알게 된 것이다. 나는 경쟁하지 않는다. 싸움이 내 장기가 아니기 때문이다. 경쟁은 없지만 수요는 많은 곳을 나의 촉수는 감지한다. 나는 늘 푸른 바다를 찾아 나섰고, 그래서 나의 항해는 늘 혼자였다. 지금은 많이 부드러워졌지만, 그래도 내가 약간 지나치게 진지해 보이거나 비장해 보이는 이유이기도 할 것이다.

작가도, 1인 기업가도 태생적으로 외로운 존재 방식이다. 1인 기업가이며 작가가 되어 살기 시작할 때 나는 이 고독을 견딜 수 있도록 세 가지 행동철학을 세워두었다. 10년째 나는 이 철학에 의지해 내 길을 걸어왔다. 첫째는 이제 더는 다른 사람이 시키는 일을 하며 살지 않으리라는 것이다. 오직 나의 명령에 따라 산다. 나는 작더라도 내 마음대로 할 수 있는 나의 제국을 원한다. 두 번째는 내 마음대로 할 수 있는 시간의 양을 늘리는 것이다. 내 마음대로 쓸 수 있는 시간을 늘림으로써 자유의 양을 늘리는 것이다. 자유의 양이 많아질 때만 진정한 진보가 이루어지는 것이다. 세 번째는 본업을 통해 세상의 밝음에 기여하는 것이다. 나는 다른 이들의 잠재력을 발견하고 어제보다 아름다워지려는 사람을 응원하는 일을 한다. 이것이 나의 기쁨이 되었다.

 결국 나의 철학은 자유를 옹호한다. 내 인생이니 내 마음대로 살 수 있는 영역을 넓혀야겠다는 것이다. 세상 속에서 비위를 맞추고 사느니 차라리 내 마음대로 사는 고독을 택해도 좋다고 생각한 지 오래다. 나 스스로 가족이 먹을 것을 벌고, 스스로 선택한 천직으로 이 세상을 조금이라도 좋게 만드는 일에 기쁘게 참여하는 것, 이것이 나의 믿음이다.

깊은 인생
DEEP LIFE

넘어섬

깊은 인생으로 들어서는
세 번째 문

천둥 같은 스승을 얻다

여섯 번째 이야기는 스승에 대한 이야기다. '그분이라면 어떻게 했을까?'
우리는 이 질문을 수없이 되뇌며 길을 걷는다. 나의 고독을 만들어주고 동시에
이해해주는 사람, 단 한 사람이라도 좋다. 화두를 던져주고 깨달음의 경지를
나눌 수 있는 믿을 수 있는 어른, 적어도 한 사람의 스승은 있어야 한다.
힘들 때마다 '스승이라면 어떻게 했을까?' 하고 내심 물어볼 그분을 얻어야 한다.

문틈으로 건네진 열쇠 – 조주

> 그대는 아이에게 걸음마를 가르치지만,
> 아이는 이미 스스로 뛰는 것을 배우고 있다.
> R. W. 에머슨

나는 어려서 출가를 했다. 그렇게 어린 시절을 보냈다. 그리고 청년이 되었다. 어느 날 진정한 스승을 만나고 싶었다. 누구를 스승으로 모실지 곰곰이 생각해보았다. 나는 남전 선사(南泉禪師)에게 가보기로 했다. 그분을 찾아갔을 때, 그분은 마침 침상에 누워 쉬고 계신 참이었다. 그분이 물으셨다.

"어디서 왔느냐?"

"서상원(瑞像院)이라는 절에서 왔습니다."

"서상원이라……. 그래, 상서로운 모습을 보기는 했느냐?"

"상서로운 모습은 보지 못했습니다. 다만 누워서 졸고 있는 여래를 보았습니다."

그러자 그분은 침상에서 벌떡 일어나 앉으며 내게 물으셨다.

"자네에게 스승이 있는가, 없는가?"

"스승을 모시고 있습니다."

그러자 그분은 스승의 이름이 무엇인지 다시 물으셨다.

나는 대답 대신 그분 앞에 넙죽 엎드려 말했다.

"가을 날씨가 차오니 스승께서는 건강을 돌보십시오."

그리하여 우리는 스승과 제자가 되었다. 스승은 나를 좋아하시고 늘 곁에 두셨다.

나 역시 스승이 좋아 늘 그 곁에서 배웠다. 어느 날 나는 스승에게 커다란 질문을 했다.

"도(道)가 무엇입니까?"

"평상심(平常心)이다. 그것이 도다."

"어떤 방법으로 거기에 이를 수 있습니까?"

"그곳에 이르겠다고 생각하는 순간 빗나가는 것이다."

"그곳에 가겠다는 생각을 버리면 어떻게 그곳에 이를 수 있겠습니까?"

그러자 스승이 낭랑한 목소리로 말씀하셨다.

"도라는 것은 알고 모르고의 문제가 아니다. 안다는 것은 그저 어리석은 생각에 지나지 않고, 모른다는 것은 그저 혼란일 뿐이다. 네가 아무 의심도 없이 도를 깨쳐 안다면 너의 눈은 높은 하늘과 같아 한계와 장애를 벗어나 일체를 보게 될 것이다."

스승은 어떻게 도에 이르는지는 설명하지 않으셨다. 다만 도에 이른 다음의 경지에 대해 말씀해주셨다. 이 말은 나를 깨우쳤다. 나는 그때 분명히 깨달아 알게 되었기 때문에 정식으로 계를 받고 중이 되었다. 세월이 지나 스승은 떠나가고 이제 내가 누군가의 스승이 되자, 한 수도자가 예전에 내가 스승에게 물었던 것을 똑같이 내게 물었다.

"스승이시여, 도에 이르는 방법이 무엇입니까?"

내가 대답했다.

"난 지금 오줌이 급해. 생각해보게. 이런 사소한 일조차 나 자신이 직접 하지 않는가?"

이런 일들이 생길 때마다 스승이 보고 싶다. 그분과의 대화는 얼마나 아름다운 추억인가.

언젠가 이런 일이 있었다. 절의 동쪽과 서쪽에 기거하는 승려들이 고양이 한 마리를 놓고 서로 갖기 위해 말다툼을 벌이고 있었다. 나의 스승 남전이 그 광경을 보고 계시다가 고양이를 움켜잡고 그들에게 말씀하셨다.

"너희 중에 누구든지 바른 말을 한 마디 하면 이 고양이를 살려주겠다. 그러나 그렇지 못하면 죽여버리겠다."

승려들은 당황하여 한 마디도 못하고 고개를 숙이고 있었다. 그러자 스승은 가차 없이 들고 있던 칼로 고양이를 두 동강 내셨다. 마침 나는 그때 그 현장에 없었다. 저녁에 돌아오자 스승은 내게 그 이야기를 들려주셨다. 그 말을 들은 나는 신발을 머리 위에 이고 밖으로 걸어 나갔다. 그러자 스승이 한숨을 쉬며 말씀하셨다.

"그때 네가 그곳에 있었다면 고양이를 살려주었을 것이다."

스승은 화가 나 계셨다. 선을 하는 승려들은 마땅히 집착을 끊어야 한다. 진정한 구도자는 그 집착을 단칼에 결연히 끊어야 한다. 그래야 자유와 초연의 길을 걸을 수 있다. 스승은 그것을 보여주고 싶었던 것이다. 그래서 집착의 대상을 단번에 두 동강이 내었으나 살생을 하셨으니 마음이 편할 리 없었다. 나는 스승에게 승려들을 대신하여 사죄하고 싶었다. 구도자들에게 진리의 세계는 세속의 가치와는 뒤바뀌어 있는 것이니, 세속에 사는 이들은 집착하고 구도자는 집착에서 벗어나야 하는 것이다. 그리하여 나는 이 전도된 가치를 표현하고자 발에 신는 신발을 머리에 이고 나왔다. 그리고 이 우스꽝스러운 모습으로 스승의 마음을 풀어드리고 싶었다. 스승이시여, 이제 그만 화를 푸시고 편히 쉬십시오.

사실 내가 스승의 마음을 헤아리게 된 것은 내게 이미 이와 비슷한 경험이 있었기 때문이다. 스승은 늘 내 마음을 알아주셨다. 내가 스승을 모시기 시작한 처음에는 절의 화부로 일했다. 어느 날 나는 부엌문을 꼭꼭 닫고 연기가 가득하도록 불을 피웠다. 그리고 큰 소리로 외쳤다.

"불이야, 불! 사람 살려!"

이 고함에 절이 발칵 뒤집혀 다들 부엌문으로 몰려들었다. 나는 부엌 안에서 소리쳤다.

"그대들이 바른 말을 하지 않는다면 이 문을 열지 않겠다."

대중은 놀라 입을 다물고 있었다. 그때 스승 남전이 다가와 말없이 문틈으로 열쇠를 건네주셨다. 그래서 나는 문을 열고 나왔다. 문이란 마땅히 안에서 열어야 한다. 나는 열쇠가 없더라도 내 손으로 혼자서 열고 나오면 된다. 스승이 문틈으로 열쇠를 건네주기는 했지만, 그것은 사실상 문을 열고 나오는 데 아무 도움도 주지 못한다. 스승의 행위는 마음의 소리에 대한 상징적 메아리였다. 문이 안에서 열리듯 모든 배움과 깨달음은 안에서 스스로 익어 터지는 것이다. 스승은 제자가 깨달음을 얻을 수 있도록 많은 역할을 수행하지만, 스스로의 공로를 자랑하지 않으셨다. 왜냐하면 제자가 스스로 안에서 깨우치지 않으면 안 되기 때문이다. 스승은 내게 늘 이렇게 마음의 지지자와 응원자로 남아 계셨다.

스승은 내게 도가 평상심이라고 말씀하셨고, 그것이 무엇을 의미하는지는 스스로 깨우쳐 알라 하셨다. 사람들은 내가 한 말 중에서 '뜰 앞의 잣나무'라는 말을 많이 기억한다. 언젠가 한 구도자가 내게 물었다.

"달마 조사께서 서쪽으로 오신 뜻은 무엇입니까?"

그때 내 눈에 뜰 앞의 잣나무가 보였다. 그래서 이렇게 말했다.

"뜰 앞의 잣나무니라."

그는 어리둥절해했다. 바보 같은 놈. 도란 어디에나 편재해 있다. 뜰 앞의 잣나무에도 있고, 당나귀 똥 속에도 있고, 하늘을 나는 독수리에게도 있다. 다음에 또 다른 놈이 물으면 "네 앞을 지나는 똥개니라."라고 답해주리라.

스승과 나는 늘 과녁을 매끄럽게 비껴갔지만, 우리는 모두 이해하고 박수치고 늘 웃었다. 모든 심각한 자야말로 바보인 것이다. 스승은 도란 '평상심'이며, "사물 밖에 있는 것이 아니니 사물을 떠나서는 도가 없다."고 말씀하셨다. 나는 오늘 스승이 보고 싶다. 스승이 없었다면 또 오늘 어찌 내가 있으랴.

같은 밧줄에 몸을 묶고 산을 오르다

조주는 종심선사(從諗禪師)라고 불리고, 종종 조주고불(趙州古佛)이라고도 불린다. 《전등록》에 따르면, 778년에 태어나 무려 백스무 살을 산 것으로 되어 있다. 사실인지 알 수 없다. 그러나 그게 뭐가 중요하겠는가. 중요한 것은 그가 이룬 정신적 경지일 것이다. 그는 젊은 나이에 출가하여 걸출한 선승 남전을 스승으로 모셨는데, 이 두 사제지간의 흥미진진한 이야기들이 중국의 선승들 사이의 많고 많은 아름다운 이야기들 중에서도 가장 아름다운 백미가 아닐까 한다.

조주의 선풍을 그의 말을 빌려 한마디로 말한다면, '안으로 가진 것이 아무것도 없고, 밖으로 구할 것이 아무것도 없다.'는 것이다. 어느 날 한 중이 그에게 물어보았다.

"거지가 오면 무엇을 주어야 합니까?"

그러자 그는 대답한다.

"거지에게는 부족한 것이 없네."

아마도 그는 자신의 경지와 가장 비슷한 것이 거지라는 상징성이라고 생각한 듯하다. 그는 빈 마음이었다. 그러므로 집착하지 않으며, 그러므로 자유였던 것이다.

만년에 고령에 이르러서도 조주의 마음은 펄펄 살아 있었다. 그의 생명력과 불꽃은 젊은 사람들도 따르기 어려웠다. 그는 말한다.

"지난 90년 동안 나는 마조의 선풍을 이어받은 선사들을 여든 명 이상 만나보았는데, 한결같이 창조적 정신이 넘쳐흘렀다. 그러나 최근 들어 선의 불꽃은 시들어지고, 잡다한 분파만 생겨났다. 창조적 정신에서 멀어지니 날이 갈수록 쇠퇴하는구나."

당(唐)나라 시대의 찬란한 선의 불꽃은 조주선사를 정점으로 사그라지기 시작했다. 이때는 이미 선의 황금시대를 지나고 있었다. 그는 당대 최고의 정신적 거장이었으며, 마지막 위대한 선사였다.

스승과 제자의 이야기는 늘 우리를 감동시킨다. 이제 우리는 반은 역사고 반은 의문인 이야기로 옮겨가 보자. 소크라테스는 자신의 기록을 남기지 않았다. 그의 많은 제자들 가운데 특히 두 명의 제자가 스승에 대한 방대한 자료를 남겨두었다. 한 사람은 플라톤이고, 또 한 사람은 크세노폰이다. 그러나 두 사람의 견해가 너무 달라 진짜 소크라테스가 어떤 사람인지에 대한 논란의 진위를 가리는 것은 불가능하다.

크세노폰은 군인이며 역사가였다. 그러나 지력이 뛰어나지 못해 스승의 가르침을 제대로 이해하고 따르지 못했다. 후세 사람들은 그가 스승의 이야기를 꾸며낼 만한 재주가 없고 고지식한 인물이기 때문에 그가 말한 '소크라테스에 대한 추억'을 사실로 여기는 경향이 있다. 그러나 아둔한 제자는 위대한 스승의 진의를 파악하기 어렵고, 제 마음대로 해석한 옹색한 견해로 바꾸어 말했기 십상이니, 그가 만들어낸 소크라테스의 사상은 아마도 왜곡되었거나 정심하지 못할 것이다. 반대로 플라톤은 누가 보더라도 상상력이 풍부한 천재였으며, 문학적 재능이 탁월하다는 점에서 역사가로서의 재능은 오히려 의심받았다. 말하자면 역사 속에서 실제 일어난 사건을 기록했다고 생각되는 '소크라테스의 변론'은 실제 사건인지 플라톤이 스승의 이름을 빌려 자신의 견해를 대변한 것인지 좀처럼 판단하기 어렵다.

상상력과 추론이 뛰어난 천재, 그리고 우직하고 고지식한 군인, 이 두 사람이 같은 스승을 두고 다른 이야기를 한다면, 이런 정황 속에서 당신은 누구의 말을 더 믿어야 한다고 생각하는가? 우리는 누가 더 역사적 소크라테스에 근접해 있는지 끝내 알 수 없다. 그러나 좋은 스승은 역사가 되고 때때로 전설과 신화가 되어 제자들에게는 물론 인류의 유산으로 남게 된다. 스승은 제자의 정신적 골수와 심장으로 보존된다. 그리고 제자들은 스승의 가르침으로 도약하고 진화한다. 오직 좋은 제자만이 눈부신 성장으로 그 스승을 빛나게 한다.

그러나 스승만이 제자의 성장에 결정적인 영향을 주는 것은 아니다. 20세기 영시에서 가장 유명하고 영향력이 큰 작품 가운데 하나는 T. S. 엘리엇의 〈황무지〉일 것이다. 특히 봄이 되면 여기저기서 사람들은 '4월은 잔인한 달'이라는 시구를 입에 담는다. 엘리엇은 책을 좋아하고 문예에 밝으며 기지가 풍부한 '하버드맨'이었다. 대학을 마칠 때까지 그는 가족이 마련한 각본대로 살아왔다. 그러나 이후 엘리엇은 편안한 미국 엘리트의 삶을 버리고 자신만의 목소리를 찾아 유럽으로 가게 되었다. 유럽에 체류하는 동안 그는 가족이 기대하는 편안하고 예측된 삶을 버리고 불확실한 여러 목소리에 귀를 기울인 대가로 날마다 끔찍한 공포에 시달려야 했다. 이때 엘리엇은 유럽에 먼저 와 있던 미국 시인 에즈라 파운드를 만나게 된다. 파운드는 젊은 엘리엇의 재능을 금방 알아보고 굉장한 호감을 보여주었다. 훗날 엘리엇은 파운드에 대해 다음과 같이 말했다.

"1914년 에즈라 파운드를 만난 일은 내 삶을 바꾸어놓았다. 그는 내 시에 열광적인 반응을 보였고, 오래전부터 받기를 단념한 칭찬과 격려를 아끼지 않았다."

엘리엇은 이때부터 장시를 쓰기 시작했고, 1921년 드디어 〈황무지〉의 초고를 파운드에게 보여주게 되었다. 그러나 이 초고는 '막연하고 장황했다.' 파운드는 조언과 더불어 산만한 부분을 덜어내고, 과장된 부분을 잘라내고, 남은 부분은 날카롭게 다듬었다. 결과적으로 훨씬 간결하고 힘찬 시가 탄생했다. '잡설이 많은 시시한 시'라는 평가를 한 비평가들이 없었던 것은 아니지만, 대체로 〈황무지〉는 '20세기의 가장 중요한 시', '폭과 깊이와 아름다움을 갖춘 위대한 시'라는 평가를 받게 되었다. 에즈라 파운드의 결정적인 도움으로 엘리엇은 그렇게 바라던 자신의 목소리로 된 시를 써냄으로써 20세기에 가장 중요한 시인의 반열에 오르게 되었다.

"어머니는 내게 말씀하셨다. 사제가 되려면 추기경이 되고, 군인이 되려면 장군이 되어라. 나는 화가가 되었고, 피카소가 되었다."

이렇듯 자신에 대한 자부심으로 가득 찬 오만한 피카소조차 혼자 일 수만은 없었다. 〈아비뇽의 처녀들〉 이후 늘 대중과 게임을 벌인 젊은 피카소는 이해받지 못하는 외로움에 싸여 있었다. 고독과 실험은 그의 스케치북 속으로 고스란히 빨려 들어갔다. 이 고독은 조르주 브라크를 만날 때까지 계속 되었다. 대중에게는 외면과 침묵을 받았던 이 작품이 브라크에게는 혼을 빼놓는 그림이었다. 브라크는 이 그림을 본 소감을 "누가 휘발유를 마시고 불을 뿜어내는 느낌이었다."고 표현했다. 피카소는 도발적이었고, 브라크는 그 도발의 의미를 정확히 이해했다. 피카소는 이제 경계를 넘어서는 모험에 대해 지지하고 격려하는 동지를 얻게 된 것이다.

두 사람은 운명적인 공동 작업자가 되었다. 그 후 그들은 몽마르트르에 살면서 거의 매일 만나 대화를 나누었다. 다른 사람들에게는 이해할 수 없었던 일이지만 그들에게는 참으로 즐거웠던 일들에 대해 이야기를 주고받았다. 브라크의 표현대로 그것은 '같은 밧줄에 몸을 묶고 함께 산을 오르는 기분'이었다고 한다. 이 관계는 1908년 이후 브라크가 1차 세계대전으로 입대할 때까지 몇 년 동안 지속되었다. 이 기간 동안 피카소는 노트 기록을 거의 하지 않았다. 살아 있는 협력자 겸 동지 겸 비평가를 만났기 때문에, 홀로 자신의 생각을 적어두고 다듬어간 고독한 일지의 필요성이 많이 줄었기 때문일 것이다. 그들은 함께 입체주의라는 새로운 미술 양식을 창안하고 실험했다.

예술가에게는 고독의 쓰라림이 반드시 필요하다. 그러나 누군가와 그 고독을 나누어 세계의 일원이 되는 친밀한 격려와 이해의 시간도 꼭 필요하다. 고독의 자유와 함께하는 소통은 틀림없이 대립되는 갈등이다. 협력은 일정 부분 자아의 희생이 필요하고, 따라서 피카소는 공동 작업을 통해 상당 부분 자신을 억눌러야 했을 것이다. 이것은 피카소처럼 제멋대로이고 파괴적이며 그때그때 필요한 사람만 만나는 성향이 강한 '채 어른이 되지 못한 신동'에게는 극히 예외적인 인내였던 것 같다.

사람은 고독만으로는 견디기 어렵고, 고독만으로는 스스로 모든 것을 체득할 수 없다. 같이 있는 부담 때문에 나중에 결국 브라크와도 결별하고 그를 비난하는 말을 하기도 했지만 피카소의 인생 중 한 부분, 적어도 입체주의라는 중요한 실험 시기에 두 사람은 서로에게 자극이었고, 숨을 쉴 수 있는 통로였으며, 버틸 수 있는 지지대였다. 그들은 비평가들이 그들의 작품을 보고, '기괴하고 야만적이며 우스꽝스러운 고의적 충격'이라고 표현했을 때 그 언어적 논란과 모멸을 나누어 가졌다. 피카소의 대인관계가 대부분 파괴적이고, 기이한 착취관계고, 자신만을 위해 다른 사람이 존재해야 한다고 믿는 유아적 막무가내의 관계였지만, 그조차 더 높은 수준으로 옮겨가기 위해서는 다른 누군가의 도움이 필요했다.

사람은 사람을 통해 성숙한다. 그 관계가 스승과 제자든, 선배와 후배든, 예술가와 후원자든, 아니면 서로를 이해하는 동료든 사람은 사람을 통해 영향을 받게 된다. 때때로 누군가의 인생에 한 사람의 영향력은 절대적이고 압도적일 때가 있다. 이때 그 사람은 진정한 스승의 역할을 해주게 된다. 중국 명나라 시대의 이탁오(李卓吾)라는 학자가 다음과 같은 말을 한 적이 있다.

"친구가 될 수 없으면 진정한 스승이 아니고, 스승이 될 수 없으면 진정한 친구가 아니다."

그렇다. 사람은 이렇게 서로 연루되고 결합되면서 자신의 삶의 도약에 결정적인 영향을 받게 될 수밖에 없다. 만일 이 결정적인 역할을 담당해줄 그 누군가를 얻지 못한다면, 비록 재능이 뛰어나다 하더라도, 고독은 그저 극도의 고독으로 끝나거나, 내부와 외부가 갈등하는 파괴적 불화나 구제 불능의 미숙으로 그치고 말지도 모른다. 그러므로 사람을 얻어 진정한 관계 속에 놓이게 될 때, 결정적 지지와 도움으로 새로운 세계로 건너뛸 수 있게 된다.

| 내게도 이런 일이 일어났을까? |

스승, 어두운 길 위에 뿌려진 달빛 같은 영감

　내게도 스승이 한 분 계시다. 이제는 작고하셨다. 선생님이 생각날 때마다 나는 학생이 된다. 그러나 나는 좋은 제자가 못 되어 드렸다. 그동안 많이 찾아뵙지도 못했다. 그렇지만 나처럼 그분을 좋아하는 제자는 아마 없을지도 모른다. 내 삶의 한 모퉁이를 돌 때마다 그분은 거기 서 계셨고, 내 인생의 갈림길마다 나는 그분에게 갈 길을 물어보곤 했다. 물론 직접 찾아가 물어본 것은 아니다. 갈림길과 모퉁이를 돌아설 때마다 스스로에게 물어보았다. '그분이라면 어떻게 했을까?' 삶의 중요한 순간마다 나는 이 질문을 꼭 했고, 그래서 이나마 내 길을 즐기며 걷고 있는 것임을 안다. 지금도 이 질문은 계속된다.

　그분을 처음 만난 때는 1972년 겨울이 끝나가고 있었을 때거나 1973년이 시작하는 때였다. 나는 재수의 피곤함에서 벗어나 얼른 대학에 들어가 빛나는 젊음을 발산하고 싶은 풋내기였다. 우리는 대학의 면접장에서 처음 만났다. 선생님은 내게 이렇게 물으셨다.

"뭘 하고 싶나?"

"대학에서 교수를 하고 싶습니다."

"교수가 뭐라고 생각하나?"

나는 잠시 망설였다.

"선생이며 학자입니다. 그러나 선생이기 이전에 학자여야 한다고 생각합니다."

선생님은 이 대답에 대해 별로 만족해하시는 것 같지는 않았다. 면접을 당하는 사람의 민감함으로도 내 대답이 호감을 끌었는지 어땠는지 잘 알 수 없었다. 그러나 나는 이 대답이 그럴듯한 대답이라고 만족스럽게 생각했다. 나처럼 기억을 잘 못하는 사람이 30년도 더 된 대화의 한 끝을 기억하고 있는 것은 신기한 일이다. 그러나 이상하게 나는 선생님과의 대화의 어떤 부분은 아주 생생하게 기억하고 있다. 그만큼 내 인생의 결정적 순간마다 선생님은 내 곁에 현존하는 훌륭한 역할 모델이셨다. 나는 그분의 매력에 빠져들었다. 그분은 내 우상이셨다. 선생님을 생각하면 대학 시절 몇 개의 장면들이 한꺼번에 우르르 몰려들곤 한다.

그때 1970년대의 젊은이들은 주로 술을 퍼마시며 젊음을 보내곤 했다. 그때나 지금이나 대학은 자유의 공기로 가득했다. 입시에 치여 지냈던 새내기들에게 대학은 유토피아였다. 아무것도 하지 않은 채 빈둥거릴 수 있는 자유가 숨통을 트여주곤 했다. 라일락꽃 가득할 때 몰래 술을 사가지고 학교에 가 그 향기를 맡으며 마시기도 했다. 역사학과는 짝도 잘 맞았다. 여학생 열다섯에 남학생 열다섯이었다. 3일에 소연, 5일에 대연을 베풀며 술을 마셔댔다. 어느 날인가 그날도 술을 마시다 문득 선생님 이야기가 나오고, 우리는 선생님 댁으로 쳐들어가자고 의견을 모았다. 그때 선생님 댁은 성북초등학교 앞의 운치 있는 한옥이었다. 그리 크지는 않았지만 작은 뜰이 정겨운 집이었다. 술이 좀 오른 풋내기들을 앞에 앉혀놓고, 선생님은 술과 안주를 내놓으셨다. 시간이 조금 흐른 후, 선생님이 물으셨다.

"자네들 담배 피우나?"

대부분 이미 골초가 되어 있었지만 우리는 아무 말도 하지 않았다. 선생님은 재떨이를 가져다주시며 담배를 피우라 하셨다. 아무도 피우지 못했다. 선생님 앞에서 담배질을 할 수는 없었기 때문이다. 지금도 그렇지만 담배는 술과 달리 대단히 건방지고 껄렁한 것이어서 어른 앞에서 담배를 피우는 것은 그 당시 결코 용납되지 않는 무례였다. 그러자 선생님이 담배를 피우는 사람이 피우지 못하면 그 생각이 많이 나고, 결국 방을 나갔다 들어왔다 하게 되니, 담배를 피우며 이야기에 몰입하는 것이 더 낫지 않겠느냐고 말씀하셨다. 얼마 후 우리는 술이 들어갈수록 더 많은 담배를 피웠다. 방 안은 담배 연기로 가득했다. 그리고 다음 날 선생님 앞에서 담배질을 한 이야기를 무용담처럼 떠벌리곤 했다. 선생님은 그렇게 젊은이들의 유치한, 그러나 일상 속의 무용담 속에 존재하셨다.

한번은 이런 적도 있다. 지금은 작고하셨지만 예일 대학에서 그리스 로마사를 전공하신 미국인 신부인 진모덕(Murdock) 선생님의 조교를 꽤 오랫동안 한 적이 있다. 서양 고대사 책으로 가득 채워진 진모덕 신부님 방은 늘 내 방으로 착각되기도 해서 신부님이 안 계실 때면 친구들이 찾아와 놀다 가곤 했다. 여름방학 기간이던 그날은 아침부터 찌기 시작했다. 친구들은 아침부터 찾아와 이 방에서 바둑을 두게 되었다. 선생님들은 토요일 이른 시간에는 연구실에 잘 나오지 않으셨기 때문에 우리는 창문과 방문 모두를 열어놓고 바둑 삼매경에 빠져 있었다.

길현모 선생님이 러닝셔츠 바람으로 이 방에 들어오신 것을 눈치 챈 사람은 아무도 없었다. 그때 "자네들 뭐하나? 뭐가 이렇게 시끄러운가?" 하는 소리에 우리는 경악했다. 이런, 선생님이 나와 계셨단 말인가? 선생님 연구실은 방 두 개 건너에 있었다. 놀라 벌떡 일어나 도열하듯 서 있는 우리를 돌아보고 선생님은 빙그레 웃으셨다.

"그래, 누가 제일 잘 두나? 나하고 한번 두세."

바둑판이 벌어졌다. 중간에 선생님은 우리에게 담배를 한 대 달라고 하셨다. 그러나 불을 붙여 피지는 않으셨다. 바둑이 점입가경으로 흐르는 동안 불붙지 않은 맨 담배를 정말 피우듯 '후' 품어내기도 하셨다. 선생님은 그때 2급쯤 되셨는데, 오랫동안 바둑을 두지 않으셨던 것 같다. 우리 중에 바둑을 잘 두는 친구가 있어 선생님이 이기지는 못하셨다. 그러나 선생님은 바둑 한 판으로 우리를 잠재우셨고, 잔소리 한 마디 없이 연구실을 연구하기 참으로 좋은, 여름 토요일 오전 침묵으로 가득한 깊은 공간으로 만드셨다. 우리는 늘 이런 선생님의 능력에 놀라곤 했다.

선생님의 강의는 내게 늘 놀라움이었다. 대학에 들어와 '서양사 개설'과 '역사학 입문'을 들으며 나는 수업의 진미를 알게 되었다. 선생님은 강의 도중 지그시 눈을 감고 좋은 단어를 찾아내기 위해 애쓰셨다. 이윽고 가장 적합한 표현이 폭포처럼 쏟아지고, 역사 속의 한 인물, 한 장면은 갑자기 두꺼운 먼지 속에서 벌떡 일어나 앉곤 했다. 그 사람들, 그 장면들이 시간의 먼지를 털고 일어나는 장면은 경이로움 그 자체였다.

콜링우드의 '역사학 개론'을 가르치시며, 선생님이 이런 말씀을 하신 적이 있다. 정확하게 기억할 수는 없지만 그 뜻은 대략 이랬다. '이론이 그 자체로 모두 옳은 것 같아 진위를 구별하기 어려우면 직접 겪어 체험해보아야 한다.' 이것은 플라톤의 가장 아름답고 감동적인 두 개의 대화편, 《파이드로스》와 《크리톤》에서 가르친 것을 연상시켰다. "논리의 시험을 거치지 않은 경험은 웅변이 되지 못하는 잡담이며, 경험의 시험을 거치지 않은 논리는 논리가 아니라 부조리다."라는 가르침과 섞여 천둥같이 내 가슴을 울렸다. 나는 그때 비코, 랑케, 크로체의 역사 이론에 매료되어 있었다. 그들의 역사 이론은 모두 빛나는 매력이었다. 서로 부딪치면서도 서로가 말하지 못한 영역을 보완해주는 듯했다. 새내기 젊은이의 풋지식은 선생님의 강의를 통해 조금씩 뿌리를 내려 깊어지고, 달달 외워야 했던 연대기 속의 역사적 사실과 가설들은 처음으로 지적 즐거움의 대상이 되었다.

대학에 입학할 때 나는 선생님에게 앞으로 역사학자가 될 것이고, 대학에서 역사학 교수를 하고 싶다고 말씀드렸다. 7년 후, 대학원에 입학할 때 역시 같은 대답을 했다. 두 번 다 선생님은 이 세상을 살아가는 다른 길도 있다는 여운을 남겨두신 것 같았다. 그때는 좀 이상하다 생각했다. 혹시 선생님이 좋은 학자가 되기에는 내 자질이 부족하다 여겨 그러신 것은 아닐까 하는 생각이 들기도 했다. 아마 그랬는지도 모른다. 그러나 지금 생각하면 그 뜻은 분명히 말 그대로 바로 그 뜻이었음을 알게 된다. '인생에는 여러 가지 길이 있다. 스스로 모색해라. 헌신하고 모든 것을 걸어라. 그러나 그 길이 아니라 하더라도 실망하지 마라. 앞에 다른 길이 나오면 슬퍼하지 말고 새 길로 가거라. 어느 길로 가든 훌륭함으로 가는 길은 있는 것이다.' 아마 그런 말씀이셨을 것이다.

선생님은 분주한 분이 아니셨다. 어울려 여기저기 다니는 것을 좋아하지 않으셨다. 그러나 이상하게 늘 우리의 놀이 속에 흔쾌히 자리해주신다는 느낌을 받았다. 그렇지만 우리는 선생님을 두려워했다. 그 무서움은 깊은 존경심에서 나오는 것이었다. 언젠가 늦게 장가가는 친구가 아내 될 사람과 함께 선생님에게 인사드리러 갈 때 나도 따라간 적이 있다. 선생님을 뵙고 나오면서 그 여인이 이런 이야기를 했다

"두 분 다 왜 그렇게 쩔쩔 매세요? 선생님이 어려우세요?"

그렇다. 그래도 우리는 선생님을 좋아하고, 좋아하는데도 늘 편히 앉지 못하는 존경심으로 가득했다. 마음으로 존경할 수 있는 분을 만났던 젊은 시절이란 얼마나 행운이었던가! 살면서 마음으로 깊이 머리 숙일 수 있는 사람들이 많지 않다는 것을 알게 된 다음에야 좋은 선생님을 가진 우리가 얼마나 운이 좋은 사람들인지 깨닫게 되었다.

당시 우리는 한국 최고의 역사학자들에게서 수학했다. 서양사에 길현모 선생님이 계셨고, 한국사에는 이기백 선생님이 계셨으며, 동양사에는 전해종 선생님이 계셨다. 그리고 차하순, 이광린 선생님이 다른 선생님들과 함께 한 팀을 이루고 있었다. 다른 학교의 역사학도들이 늘 부러워하여 멀리 와서 청강하기도 했다. 봄꽃이 한창 흐드러지게 피어 난만한 5월에 그분들이 점심을 드시러 함께 식당으로 가는 것을 보며 우리는 늘 감탄하곤 했다. 당

대를 풍미하는 학자들이 저렇게 서로 어울려 함께 공부하고 함께 식사하고 함께 삶을 사시는구나 하는 부러움을 가졌다. 우리가 마주쳐 인사하면 "그래, 밥들 먹었나?" 하며 웃으셨다. 우리는 모교에 대한 자부심보다는 역사학과에 더 많은 자부심을 가지고 있었다. 그것은 가장 열심히 공부하는 선생님들이 우리를 가르치고 있다는 데서 오는 힘이었다. 그러나 1970년대의 대학은 늘 중간고사가 끝나면 폐쇄되었다. 독재에 대항하는 시위와 강제적 일시 폐쇄가 반복되었고, 학기의 후반부가 없는 대학 생활은 내내 계속되었다.

나는 역사학을 전공한 학자가 되고 모교에서 역사를 가르치는 교수가 되고 싶었지만 결국 그러지 못했다. 이상하게 들릴지 모르지만 그것은 선생님 탓이기도 했다. 내게 역사에 대한 떨림을 갖게 해준 분도 선생님이셨지만, 내가 대학원을 떠나게 된 것도 선생님 때문이었다. 방황하듯 대학 생활 3년을 보낸 후 군대에 갔다 와 복학했고, 1년 후 대학원에 진학했다. 1980년이었다. 그해 첫 학기에 대학원에서 선생님과 우리는 카를 만하임의 《이데올로기와 유토피아》를 읽고 토론을 했다.

그해 희망으로 가득 찼던 봄은, 그러나 가혹하고 잔인하게 지고 말았다. 그해 봄 학생들은 서울역으로, 시청으로 매일 운집했다. 젊은이들은 자유와 평등의 이념으로 빛나는 조국을 가지고 싶어 했고, 지식인들은 '지식인 성명'을 내기 시작했다. 한국은

긴 독재의 상처와 그늘에서 금방이라도 벗어날 듯 보였다. 하지만 학교는 다시 폐쇄되었고, 전두환 군부는 광주에서의 민주화운동을 내란으로 규정하고 잔인하게 진압했다. 나라를 지키기 위해 써야 할 병력이 제 국민을 죽이기 위해 투입되었다. 지식인 성명의 대표자였던 선생님은 학교를 떠나시게 되었고, 우리는 선생을 잃었다. 나의 길은 불투명해졌으며, 나는 다른 분 밑에서 계속 공부하고 싶지 않았다. 나의 바람은 선생님에게 배우는 것이었다. 대학원을 나와 그해 12월 나는 직장인이 되었다. 그리고 역사학자가 되는 길에서 멀어지고 말았다. 그 길은 결국 내 길이 되지 못했다.

직장 생활을 하는 동안 나는 선생님 소식을 가끔 전해 들었다. 춘천의 한림대학으로 옮겨 그곳에 계셨을 때 친구와 함께 찾아뵈었다. 선생님은 우리를 반겨주셨다. 먼 곳을 찾아왔다 하셨다. 일주일에 며칠은 춘천에 계셨고, 나머지는 서울에 계셨다. 나는 일에 치여 사는 회사원으로 하루하루를 살아갔다. 아이를 낳고 키우고 작은 집을 장만하고 집을 넓혀가는, 다른 사람과 똑같은 일상을 살고 있었다. 선생님을 오래 뵙지 못했다. 그러다가 선생님이 도봉산 밑 아파트에 사모님과 함께 사실 때 나는 두어 번 찾아뵈었다. 언젠가 추석 즈음에 선생님을 뵈러갔다. 함께 이야기를 나누고 나오는데, 마침 선생님이 시내에 사는 동생 분에게(아우인 길현익 선생님은 결혼을 하지 않고 혼자 사셨는데, 내가 다닌 대학에서 동양사를 가르치셨다) 가려 한다고 말씀하셨다. 우리는 선생님을 모셔다 드리고 작별했다. 사모님이 챙겨주신 음식 보따리를 들고 선생님은 추석 즈음의 그 빛나는 가을 속에 서서 우리에게 손을 흔들어주셨다.

이 글을 쓰다 내 노트북 한구석에 선생님에게 써두었다가 보내지 못한 편지가 있는 것을 발견했다. 아마 10년도 더 된 편지인 것 같다. 오래전에 써두었지만 주인에게 배달되지 않은 편지를 읽으면 왠지 추연해진다. 삶의 지나간 한순간 속으로 빨려 들어가는 시간 여행처럼 이미 사라진 나와 다시 만나게 되기 때문인 모양이다.

선생님께

뵌 지 2년이 지났습니다. 늘 뵙고 싶었지만 그러지 못했습니다. 오늘 아침 깨어나 보니 문득 선생님이 몹시 그리웠습니다. 짧은 편지를 드립니다.

어려울 때도 있었고, 지루할 때도 있었고, 그저 그러려니 건들거리며 산 때도 있었습니다. 돌이켜 생각하면 다행스러운 일도 많았고, 쓸데없는 걱정에 싸인 때도 있었습니다. 앞으로도 그럴 것입니다. 굽이굽이 흐르는 강처럼 때로는 넓은 강폭을 이루어 햇빛에 빛나기도 하고, 때로는 좁고 급하게 소리를 지르며 거칠게 흐르기도 합니다.

선생님께서는 제게 달 같은 분이셨습니다. 세상을 살며 아주 어두운 때에도 그렇게 깜깜하지만은 않아서 가끔 하늘을 볼 때가 있었습니다. 어느 별빛이 그렇게 쏟아져 내리나 하고 말입니다. 어두운 밤 나뭇가지에 달이 걸려 있는데, 때로는 비수처럼 날카로웠고, 때로는 둥글어 참으로 넉넉하고 풍요롭게 보였습니다.

1973년에 서강에 입학하여 선생님을 뵈었을 때, 마침 햇볕이 환한 언덕을 다른 선생님들 몇 분과 어울려 점심식사를 하러 가시는 것을 뵈었을 때, 저는 선생님처럼 살고 싶었습니다. 공부하고 가르치고, 그리고 학생들의 빛이 되는 삶을 그리워했습니다. 세상은 그 욕망으로 가득했습니다.

1980년 5월에 선생님께서는 학교를 떠나시게 되었고, 저 또한 대학원 1학기를 채 마치지 못하고 그만두었습니다. 선생님께서 서강에 계시지 않으니 서강에서 더 공부할 수 없었습니다. 한 2년 일해서 1년 학비가 마련되면 유학을 떠나려고 취직을 했지요. 그러다 결국 눌러앉게 되고 저는 지금의 제가 되었습니다.

길이 달라져서, 사느라고, 혹은 부끄러워서, 가지가지 이유 때문에 자주 찾아뵙지 못했지만 선생님께서는 늘 제 마음속의 달빛으로, 어두운 길의 달빛으로 늘 그렇게 계셨습니다. '선생님이라면 어떻게 하셨을까?' 이 질문은 어둡고 어려울 때 저와 함께 살아온 오래된 물음이었습니다.

이제는 제가 서강에서 선생님을 처음 뵈었을 때 선생님의 나이가 되었습니다. 그러나 여전히 치기 어리고, 쓸데없는 명예를 좇고, 속이 허한 사람에서 벗어나지 못하고 있습니다. 어리석은 제자입니다. 헤매며 제 길이라 여긴 길을 가다 보면 조금은 나아지려니 하고 위로합니다.

아침에 이렇게 짧은 편지라도 쓰고 나니 그리움이 조금 덜어진 듯도 하고 더 깊어지는 것도 같습니다.

세상을 살며 자신에게 큰 영향을 미친 사람들을 정리하여 그것을 모아두면 한 사람의 자서전 역할을 하게 될 수도 있다. 직접적으로 발가벗은 자신에 대해 말해야 하는 '나의 이야기'로서의 자서전이 아니라, 내게 영향을 미친 사람들의 이야기야말로 너무도 결정적인 내 삶의 증거들일 수 있다는 생각을 했다. 실제로 피터 드러커는 자서전을 쓰면서 자신에 대한 '나의 이야기'가 아니라 자신에게 심대한 생각거리를 제공하고 영향을 남긴 사람들의 이야기를 써서 그것이 관찰자의 운명을 타고난 자신의 이야기라 불렀다. 선생님은 내 삶을 이룬 중요한 상징적 테마였고, 질문이었고, 가능한 대답의 하나였다.

"보통의 선생은 그저 말을 하고, 좋은 선생은 설명을 해주고, 훌륭한 선생은 스스로 모범을 보이고, 위대한 스승은 영감을 준다."는 말이 있다. 나는 선생님에게서 학자의 모범을 보았고, 어두운 길 위에 뿌려진 달빛 같은 영감을 받았다. 내가 선생님을 만난 것은 행운이었다. 이제 나이가 들었으니 나도 선생님처럼 누군가의 좋은 스승이 되고 싶다. 한없이 모자라는 사람이지만 선생님은 내게 이 열망을 품게 해주셨다. 나이가 들어 연구원들을 모으고 그들과 함께 책을 읽고 책을 쓰는 일을 하고 있는 것도 바로 그런 이유에서다. 나는 너무도 분명히 훌륭한 선생의 구체적인 모습을 보고 만질 수 있는 행운을 가졌던 것이다.

넘어섬
둘

나를 넘어 세계에 접속하다

일곱 번째 이야기는 자신을 스스로의 별로 만든 이야기다. 나를 넘어서지 못하면
위대해질 수 없다. 모든 위대함은 나로 시작해서 나를 넘어선 우주에 다가가는 것에 있다.
그것은 나와 우주의 화해이며 통합이다. 위대하다는 것은 세속의 성공을 말하는 것이 아니다.
나를 넘어서는 더 커다란 것에 대한 그리움과 지향성을 갖지 못하면
우리의 정신은 고양될 수 없다. 평범함은 아직 개화하지 않고 숨어 있는
위대함에 대한 다른 말이다. 평범함이 깨져야 위대함이 발아한다.

녹색 창고의 거대한 별 – 아니타 로딕

> 네가 누군가에게 준 것은 여전히 너의 것이지만,
> 네가 꽉 움켜쥐고 있는 것은 이미 잃은 것이다.
> — 동양의 역설적 금언

나의 부모님은 영국 남부 해안의 리틀햄프턴이라는 작은 도시에서 카페를 운영하셨다. 예배당을 개조한 건물이었는데, 기차역 바로 맞은편에 있었다. 주민들에게 아침식사를 팔았기 때문에 새벽 5시에 문을 열었고, 하루 종일 일을 하다가 마지막 손님이 나가면 문을 닫았다. 그 당시 다른 카페는 오전 9시에 문을 열고 저녁 5시면 문을 닫았다. 하지만 우리는 그럴 수 없었다. 이탈리아계 이민 가정이었기 때문에 훨씬 더 열심히 일하지 않으면 먹고살기 힘들었다. 우리는 모두 4남매였다. 토요일에도 일하고, 일요일에도 일했다. 카페는 집의 연장이었다. 일주일에 한 번 영화 구경을 가는 것이 우리 가족의 유일한 오락이었다. 그러나 우리 카페에서 로맨스가 싹트고 우정이 만들어졌다.

나는 일터에 애정을 쏟는 것이 가능하다는 것을 바로 그곳에서 배웠다.

나는 가톨릭 재단에서 운영하는 학교에 다녔다. 그러나 어머니는 동네 신부님을 싫어하셨다. 그냥 싫어하는 정도가 아니라 혐오하셨다. 어머니는 우리에게 바지를 입혀 학교에 보내셨고, 수녀님들은 복장이 불량하다는 이유로 우리를 집으로 돌려보냈다. 그러면 어머니는 우리를 다시 그 상태로 학교로 되돌려보내시곤 했다.

열 살이 되던 해에 아버지가 돌아가셨다. 그때 나는 우리 집 계단에 앉아 있었는데, 어머니가 누군지 알 수 없는 것들에게 버럭버럭 화를 내며 복도를 닦고 계셨다. 틀림없이 삶의 무거운 짐을 어머니에게 던져주고 떠난 가혹한 운명에 대한 저주였을 것이다. 그때 현관문을 두드리는 소리가 났다. 신부님이 들어오셨다. 신부님은 가톨릭 의식으로 아버지 장례를 치르자고 말씀하셨다. 그러자 어머니가 구정물이 가득 든 양동이를 번쩍 들어 신부님에게 쏟아 부으셨다. 나는 그 일을 영원히 잊지 못할 것이다. 어머니는 전통적인 것을 거부하셨으며, 우리에게 늘 "특별해져라. 평범함을 거부해라."라고 말씀하셨다. 그런 어머니 밑에서 보고 듣고 자랐으니 학교에서든 교회에서든 어떤 제도에서든 나는 늘 도전하게 되었다. 어머니는 사랑이나 일과 마찬가지로 인생도 복잡한 것이 아니라고 가르치셨다.

나는 고등학교를 졸업하고 사범학교에 진학했다. 내가 집을 떠나 있는 동안 어머니는 카페를 처분하고 동네 한복판에 나이트클럽을 개업하셨다. 그리고 요란하게 장식하셨다. 나이트클럽의 이름은 '엘 쿠바나'였다. 언젠가 내가 집에 들렀을 때, 어머니는 은색 루렉스 드레스 차림으로 담배를 입에 물고 바에 앉아 계셨다. 어머니는 그전까지 담배를 피우지 않으셨다. 그저 극적인 효과를 만들어내고, 분위기를 맞추기 위해 배우신 것이다. 저속하기는 하지만 완벽한 분위기를 연출했다. 나 역시 무슨 일을 하든지 분위기를 만들려고 애썼다. 학교를 졸업하고 교사 생활을 하면서 될 수 있으면 내 수업에 드라마와 음악을 도입했다. 중세 역사를 강의할 때는 그레고리안 성가를 틀고, 1차 세계대전을 강의할 때는 전쟁 시를 낭송했다.

교사 생활은 재미있었다. 그러나 내게는 방랑벽이 있어 한 곳에 오래 머무르지 못했다. 한때 히피들과 떠돌아다니기도 했다. 그러다가 제네바에 있는 UN 사무실에 취직했다. 그때 나는 이렇다 할 자격증이 없었기 때문에 원서만 보냈다가는 떨어지리라 생각했다. 그래서 직접 인사 담당자에게 찾아가 만나고 싶다고 말했다. 나 자신을 팔 자신이 있었기 때문이다. 실제로 나는 담당자를 설득하여 일자리를 얻었다. 에너지와 열정은 사람을 질리게 한다. 다행히 나는 UN을 매혹시키는 데 성공했다.

2년 동안 전 세계를 떠돌다 집으로 돌아오니 어머니는 내게 한 청년을 소개시켜주셨다. 그가 바로 로드 고든이었다. 그는 농사꾼의 아들이었지만 동화 작가가 되고 싶어 했다. 사흘 뒤 나는 그와 동거를 시작했다. 나는 교사 일을 했고, 그는 공사장 인부로 일했다. 그러다 첫 딸을 낳았다. 우리는 사업할 기회를 찾아 떠돌았다. 아이를 돌볼 여유가 있는 사업을 원했다. 숙박업을 하기도 하고, 식당을 하기도 했다. 건강식을 팔아보려다 망하기도 하고, 하룻밤 사이에 망해가는 식당을 미국식 햄버거 하우스로 바꾸어 구사일생으로 파산을 면하기도 했다. 우리는 그때 가장 중요한 비즈니스 교훈 하나를 얻게 되었다. 실수를 했을 때는 즉시 그 실수를 인정하고 빨리 바꾸라는 것이다.

우리는 먹고살기 위해 좌충우돌 일하다 보니 지치고 말았다. 남편 고든은 오래전부터 부에노스아이레스에서 뉴욕까지 말을 타고 여행해보는 꿈이 있었고, 그가 그 꿈을 계획하는 동안 나도 조그만 가게를 운영하여 생계를 꾸려보고 싶었다. 나는 자연식 피부 관리와 관련된 일을 하고 싶었다. 할머니들의 주방용 비법에 관한 책들을 빠짐없이 읽었다. 이제까지 나온 모든 자연 비법은 거의 빠짐없이 읽은 것 같았다. 쓸 만한 비법을 만날 때마다 나도 그렇게 해보았다. 줄리 크리스티는 삶은 양배추와 아보카도를 액체로 만들어 얼굴 화장 크림으로 썼다. 나도 그렇게 해보았다. 마를렌 디트리히는 양촛불 그을음으로 아이섀도를 만들어 썼다. 나도 그렇게 해보았다. 책에 나와 있는 모든 비법을 시험해보았다. 그것은 비즈니스라기보다는 내가 나 자신의 시간과 공간의 주인이 되고, 성공을 자유로서 정의해가는 작업이었다. 그때까지 나온 화장품들은 비싸고 고급스럽긴 했지만 자연 성분이 들어 있지 않았다. 이때 뭔가가 나를 자극했다. 그 자극이 좋았다.

나는 자연 성분의 화장품을 값싼 용기에 담아 여러 규격으로 파는 가게를 해보고 싶었다. 그리하여 1976년 4월, 브라이턴에 첫 가게를 열었다. 보디숍 1호점이 개설된 것이다. 25파운드를 주고 디자이너에게 로고를 만들어 달라고 했다. 나는 매장을 모두 진한 녹색으로 칠했다. 그 당시는 녹색이 환경운동을 상징하는 때가 아니었다. 그저 벽에 있는 습기 자국을 지워줄 수 있는 유일한 색깔이었기 때문에 그 색을 쓸 수밖에 없었던 것이다. 친구들을 동원해 병에 화장품을 넣고 손으로 라벨을 쓰게 했다. 내가 구할 수 있는 가장 싼 용기는 병원에서 소변을 채취할 때 쓰는 플라스틱 병이었지만 그것도 충분히 살 수 있는 형편이 못 되었다. 그래서 고객이 빈 병을 가져오면 거기에 리필해주었다. 재활용이 우리의 비즈니스 특징이 되었다.

따지고 보면 모든 성공의 요인은 사실 내게 돈이 없었다는 점이다. 돈이 없고 배가 고프면 창의력이 생긴다. 노력하지 않아도 가질 수 있으면 생각하지도 않고 추진력도 생기지 않는다. 다른 성공한 기업가들처럼 궁핍이 나를 생각하게 했다. 나는 아웃사이더였다. 이민자의 노동 윤리를 가진 아웃사이더였기에 일을 두려위하지 않았다. 일을 두려워하지 않았기에 일을 할 때 화가나 작가와 같은 열정이 나를 휩싸고 지나갔다. 나는 궁핍으로 인해 떠오르는 아이디어들을 믿었으며, 그것을 실현하고 그것으로 먹고 살고 그것으로 이익을 내기를 바랐다. 보디숍은 내 손으로 만든 내 자식이었다. 그것은 또 다른 내가 되었다.

보디숍을 경영하면서 나는 기업가의 세계에 대해 알아가기 시작했다. 그전에는 모르던 것이었다. 그러나 이제는 알게 되었다. 세상을 살며 가치 있는 것들을 새롭게 알게 된다는 것은 얼마나 멋진 일인가! 내게 삶은 늘 고마운 것이었다. 내가 삶에 해준 것보다 삶이 내게 해준 좋은 일이 열 배, 백 배 많았다. 내가 깨달아 알게 된 훌륭한 기업가들은 천부적으로 기업가 기질을 계발하는 데 성공한 사람들이었다. 기업가들은 대체로 광기의 후광에 싸인 사람들이다. 꿈을 꾸고 비전을 갖는다는 것 자체가 일종의 광기인 것이다. 미치광이와 기업가는 백지 한 장의 차이일 뿐이다. 그들은 다른 사람들이 보지 못하는 것을 보고 느낄 수 있는 사람들이다. 그들은 자신이 본 비전에 눈멀고, 수없이 질문하여 얻은 지식을 가지고 있으며, 마치 요정처럼 반짝이는 창의적 아이디어들을 쏟아낸다.

창의력이 무엇인지 나는 죽을 때까지 잘 모를 것이다. 창의력은 아마 마술일 것이다. 그것은 아마 상상력일 것이다. 체계적으로 혼란을 만들어가다 보면 자연스럽게 해방되는 것이 창의력인지도 모른다. 아무튼 창의력이 없이는 기업가가 될 수 없다는 것은 아주 분명한 사실이다. 그러니 때때로 광인일 수밖에 없다. 생각만 그런 것이 아니다. 실제로 그것을 해낼 수 있다는 집념을 가지고 있다. 그래서 그들은 다른 사람들의 눈에 잘 띈다. 그 어리석어 보이는 일을 하면서도 정작 자신들은 병적일 만큼 낙천적이다.

위대한 기업가들의 가장 두드러진 특징 중 또 하나는 그들 모두 하나같이 사회를 바꾸겠다는 의지를 가지고 있다는 점이다. 그들에게 비즈니스란 단순히 이익을 추구하는 재무학이 아니다. 그들은 사회를 바꾸어보려는 개혁가들이기 때문이다. 따라서 그들은 본질적으로 기존 사회의 중앙에서 생겨나지 않는다. 기존 사회와는 다른 북소리에 발을 맞추어 행진하는 사람들이므로 이 사람들은 본질적으로 아웃사이더일 수밖에 없다. 이것이 그저 전통적인 경영자와 기업가를 구별하는 가장 분명한 구분점이다. 아, 그리고 또 하나가 있다. 그들은 그들의 꿈과 아이디어, 사회를 변혁시키겠다는 생각을 이야기로 만들어 다른 사람들에게 말해주고 일반인들의 공감을 얻어낸다. 그들은 모두 위대한 이야기꾼들이다.

나도 이 기업가의 길을 가기 시작했다. 나를 사로잡은 단순한 아이디어 하나에서 어떻게 호구지책을 얻어보려는 소박한 열정이 나를 기업가로 키웠다. 나는 녹색 칠을 한 코딱지만 한 창고에서 자연식 화장품을 팔면서 백만장자가 되려는 생각을 해본 적이 없다. 그저 내 마음속 그 아이디어에 흠뻑 빠져 있었을 뿐이며, 그 일로 어떻게든 아이들과 먹고살려 한 것뿐이었다. 그래서 더욱 그랬는지도 모른다. 나는 보디숍에 헌신적으로 매달렸다. 전 세계 어디를 가든 어떤 것을 보든, 단어 한 개, 포장지 한 장, 스테인리스 깡통 하나도 모두 보디숍과 연관을 지어 생각했다. 한번은 인도에서 물을 길어 나르는 깡통을 보고 똑같은 소재로 다양한 모양을 만들 수 있을지를 생각하며 시간을 보내기도 했다. 그 깡통을 응용하면 아주 멋진 포장을 할 수 있을 것처럼 보였기 때문이다. '어떻게 이것을 우리 사업과 연관시킬 수 있을까?' 나는 그 생각만 했다. 그러니 이것이야말로 진정한 헌신이 아니고 무엇이겠는가.

보디숍이 성장하여 세계적 기업이 되어가면서 나는 보디숍의 경영 방식이 피할 수 없는 미래의 경영 방식이 되리라는 낙관론을 가지게 되었다. 낙관은 예기치 못한 곳에서 깊은 상처를 받고, 신념은 끊임없이 도전을 받지만 결국 '좋은 일'로 귀결되곤 했다. 왜냐하면 우리를 죽이지 않은 고난들은 결국 우리를 더 강하게 만들어주기 때문이다. 보디숍을 세계적인 기업으로 성장시키면서도 어떻게 나 자신의 깊은 내면을 간직할 수 있을까를 깊이 고민했다. 아마 보디숍의 역사는 나의 이 고뇌와 기쁨의 역사일 것이다. 나는 지도도 설명서도 없는 곳에서 오직 열정의 안내를 받으며 내 길을 걸어왔다.

나는 날 때부터 뭔가를 위해 싸우는 것을 좋아하는 기질을 갖고 태어났는지도 모른다. 어쨌든 나는 어머니에게서 그 기질을 발전시켜가는 법을 배웠다. 뭔가를 위해 싸우지 않는 삶은 죽음의 냄새가 나서 싫었던 것이다. 비즈니스 세계의 가장 큰 문제는 탐욕이다. 욕심이 문화적으로 받아들여지게 되었다는 것처럼 암담한 것은 없다. 탐욕이 성공이 되고, 가장 욕심 많은 사람이 롤모델이 되면서 탐욕은 우리 인생의 가치 있는 것들을 전부 잡아먹기 시작했다. 보디숍이 나를 이 세상의 누구보다도 돈이 많은 사람으로 만들어줄 만큼 성공했지만, 나는 기업의 탐욕에 저항했다. 나는 이미 아이들에게 공언해두었다. 내가 죽으면 내가 번 돈은 모두 인권과 민권 운동가에게 기부될 것이라고 말이다.

비즈니스란 돈을 버는 것 이상의 의미가 있다. 기업이 할 일은 돈에 관한 것이 아니라 책임에 관한 것이어야 한다. 개인의 욕심에 관한 것이 아니라 공익에 관한 것이어야 한다. 이익을 내지 못하면 기업은 망할 것이다. 그러나 오직 이익을 더 내기 위해 비즈니스를 한다면 그 역시 망하게 될 것이다. 왜냐하면 '더는 존재해야 할 이유'가 없기 때문이다. 나는 이 말을 좋아한다. 진정한 글로벌 비전을 가진 기업이라면 지리적 확장과 점령이 아니라 인간의 정신과 마음의 확장에 더 기여해야 한다. 나는 기업이 제품을 생산하고 서비스를 제공하는 곳이라고 생각하지 않는다. 기업이란 직원이 자신의 잠재력과 인간 정신을 훈련하고 계발하는 곳이라고 생각한다. 이제 기업은 그 자신과 구성원, 그리고 인류를 위한 완전함에 기여해야 한다. 인생에 영적 차원이 있듯이 비즈니스도 영적인 차원을 가져야 한다. 나는 세계를 다니면 깨달았다. 그것은 가장 근본적인 통찰이었다. 모든 생명은 연결되어 있다. 나의 존재는 전일성(oneness)으로 우주와 연결되어 있다는 경외심이 나를 가득 채웠다.

바꾸려 하지만 세상은 잘 변하지 않는다. 그러나 변할 때가 있다. 바로 우리 자신이 근본적으로 변할 때다. 중요한 것은 세상이 아니라 개인이다. 바로 우리 자신인 것이다. 기업은 지난 100년간 가장 성공적인 조직이었다. 이제 기업가들은 마음만 먹으면 무엇이든 해낼 수 있는 힘과 능력을 가지고 있다. 위기에 빠진 세상을 바로잡는 것이 기업의 책임이다. 심장과 영혼으로부터 비즈니스의 목표가 만들어질 때 기업은 인류의 행복에 공헌할 수 있는 것이다.

세상과 타자를 위해서
나를 다 쓰지 못해 안달하라

　보디숍의 창시자 아니타 로딕은 1942년에 영국의 작은 해변도시 리틀햄프턴에서 태어났다. 그녀는 이탈리아계 이민자의 자손이었으므로 어려서부터 일이 생활이었으며, 일을 두려워하지 않았다. 자유로운 영혼의 소유자이기에 히피가 되어 1960년대 평화주의자로 세계를 떠돌기도 했다. 어머니에게서 용기와 근검을 배웠고, 그래서 재활용, 재사용, 리필링이라는 보디숍의 정신이 만들어졌다.

　1976년 그녀는 서른네 살의 나이에 생계를 유지할 목적으로 자연 방식으로 화장품을 만들어 재활용 용기에 담아 팔기 시작했다. 시작한 지 10년이 조금 넘는 1987년에 영국 산업연맹은 아직 걸음마 단계의 보디숍을 올해의 기업으로 선정했다. 보디숍의 성공은 해마다 거듭되었다. 세계 전체에 매장을 가진 글로벌 기업이 되었고, 아니타 로딕은 가장 성공한 기업가 중 하나로 부자가 되었다.

그녀의 인생은 도전으로 점철되어 있다. 그녀의 피는 그 도전에 흥분하고 기뻐했다. 반전운동가, 환경운동가, 인권운동가로 활약하는 거침없는 기업인이 되어갔다. 말년에는 그 기업인으로서의 삶도 다 던져버렸다. 자신의 보디숍 지분을 모두 처분하여 마련한 1조 1000억 원을 모두 인권운동에 투여하기 시작했다. 그녀는 '나이가 들면서 더욱 급진적'이 되었다. 사업을 하면서는 전념할 수 없었으므로 사업을 접고 자신이 가장 헌신하고 싶은 인권과 환경 운동가의 삶을 선택했다. 아마도 자신의 짧은 삶을 예감했기 때문인 것 같다. 우물쭈물하지 않는 그녀의 성격이 더 분명한 헌신을 요구했을 것이다.

그녀는 예순네 살의 나이로 세상을 떠났다. 너무도 거침없이 압축적으로 세상을 살았던 때문일까? 그녀는 겨우 중년의 나이에 떠났다. 그녀는 부자로 죽는 것을 싫어했다. 싫어했다기보다는 혐오했다. 많은 사람들이 그녀를 좋아했다. 그녀가 선한 목적에 자신을 썼기 때문이다. 또 많은 사람들이 그녀를 미워하고 싫어했다. 그녀가 세상의 탐욕에 저항하고 어두운 세상에 도전했기 때문이다.

요즘 빌 게이츠와 워런 버핏이 세상에 팔기 시작한 것이 무엇인지 아는가? 그들은 기부를 판다. 나이가 들어 두 사람은 새로운 각성에 이르렀다. 그들은 우연히 혜택 받은 사람으로 태어나 가장 부유한 사람이 되었다. 그리고 어느 날 가장 많은 삶의 혜택을 받은 사람으로서 인생에서 아무 혜택도 받지 못한 사람들의 삶에 관심을 가지게 되었다. 인간들은 분리된 존재들이 아니라 서로 연결되어 있기 때문에 서로에게 관심과 애정을 가져야 하는 존재라는 정신적 도약을 경험하게 된 것이다. 그들은 기부라는 나눔을 시작했다. 기부라는 새로운 비즈니스를 시작한 것이다. 각성한 부자들에게는 좋은 집과 멋진 차가 더는 자랑거리가 아니다. 기부와 나눔이 그들의 특권에 대한 새로운 자부심을 보여줄 명품이 된 것이다. 그리하여 세상의 부를 다 끌어 모으는 탐욕스러운 부자에서 가지고 있는 부를 나누어 주는 신뢰할 수 있는 리더로 도약하게 되었다.

왜 각성한 부자들에게 이런 정신적 전환이 일어나게 된 것일까? 사회의 의식 수준이 향상하고 있기 때문이다. 지난 100년 동안 기업은 가장 성공적인 조직이었다. 단순화된 기준으로 말해본다면 세계 100대 경제주체 중 대략 절반은 국가고 절반은 글로벌 기업들이다. 하나의 다국적 기업의 규모가 웬만한 국가 하나의 경제 규모를 넘어서게 된 것이다. 만일 이 거대한 경제주체가 자신의 이익만 추구하는 이익집단으로 운용된다면 세계는 평화로워지고 인류는 행복해질까? 어림없는 일이며 대단히 불안한 일이다. 따라서 영향력이 있는 사회적 집단들, 예를 들면 NGO, 오피니언 리더들이 기업의 사회와 환경에 대한 책임과 윤리성, 그리고 그 진정성에 대한 다각도의 압박과 촉구를 시작하기에 이르렀다. 사회의식의 향상은 기업가들의 각성으로 이어졌고, 영향력 있는 기업가들은 지속 가능한 경영에 대한 의지를 천명하게 되었다. 그들은 환경문제를 만들거나 인권문제를 만들면 위험하다는 사실을 알게 되었고, 자신들에게 성공을 안겨준 사회에 대해 기여하고 공헌해야 한다는 인식을 가지게 된 것이다. 그리하여 기업의 공공성이 커지게 되었다.

한국의 대표적인 주요 기업들 역시 지속 가능한 경영에 대한 의지를 표명했다. 그러나 그것은 선언적 차원을 넘어서 일상의 현실과 생활이 되어야 한다. 실제로 가장 큰 기업, 한 분야에서 가장 매출이 높은 글로벌 기업이라는 칭송보다는 얼마나 존경받는 기업인가가 중요해졌다. 또 누구에게나 가장 근무하고 싶은 기업이 되는 것이 훨씬 중요해졌다. 나는 이것이 올바른 방향이라고 생각한다. 앞으로 기업이 진정한 사회적 존경을 받는 경제 주체가 되려면 다음과 같은 네 가지 단계를 거쳐 성숙하게 되리라 생각한다.

가장 초보적 단계의 기업은 순수한 자본주의적 원칙이 지배하는 곳이다. 그곳에서는 경쟁이 지배 원리다. 겉으로는 동료라고 부르지만 실제로는 서로를 '그들'이라고 부른다. 노사의 갈등과 대립이 일반적이다. 대부분의 기업은 이 수준에 머문다. 그 다음 단계는 '운명 공동체'라는 인식을 나누는 기업이다. 서로를 '우리'라고 부른다. 서로 동등한 동료로 인식하고 배려하는 문화 속에서 가장 많이 받는 사람과 가장 적게 받는 사람의 격차가 줄어든다. 이 단계에 도달한 조직은 얼마 되지 않는다. 그러나 운명 공동체는 자기가 속한 사회의 다른 부분과 배타적 관계에 이를 수 있다. 서로는 똘똘 뭉쳐 있지만 다른 조직, 다른 사회에 대해서는 패쇄적인 집단으로 머물게 되는 것이다.

세 번째 단계는 한 사회와 기업이 같은 방향을 바라보게 되는 시기다. 기업은 자신의 번영이 뿌리를 내린 지역사회의 도움으로 성장했다는 인식에 이른다. 자신의 부를 이루게 해준 사회에 대한 보답, 사회에 대한 책임, 사회와 함께하는 경영의 단계에 이름으로써 그 사회로부터 신뢰를 얻게 된다. 나아가 그 나라의 가장 존경받는 기업으로 자라게 된다. 그러나 지역사회에 대한 공헌은 국제사회와 마찰을 일으키는 국수주의의 위험과 인류에 대한 책임에서 소홀해질 가능성이 있다. 따라서 마지막 도약의 단계는 인류에 대해 책임을 지는 수준에 이르는 것이다. 글로벌 기업은 세계가 안정되고 평화로울 때 최고의 성과를 낼 수 있다. 기업은 진정성에 기초한 지속 가능한 경영의 원칙을 가장 중요한 가치로 삼게 됨으로써 사회적 선(善)의 철학을 가진 조직으로 도약하게 된다. 이때 조직은 자신의 철학과 구체적 과업을 통해 인류에게 봉사하는 단계에 이름으로써 '세계인이 가장 존경하는 기업'으로 성숙하게 된다. 이런 생각은 그저 이론에 그치는 것이 아니다. 실제로 캐논 회장이었던 가쿠 류자브로 같은 기업가들은 이렇게 주장하고 실천하려고 했기 때문이다.

나는 내 자식들을 포함하여 젊은이들이 아무리 크고 대우가 좋다 하더라도 첫 번째 수준의 회사에서 일하기를 바라지 않는다. 경쟁이 지배하는 전형적인 레드오션(red ocean: 이미 잘 알려져 있는 시장, 즉 기존의 모든 산업을 뜻한다. 이는 블루오션과 반대의 개념으로, 붉은(red) 피를 흘려야 하는 경쟁시장을 말한다)에서 각박해지고 결국 몸과 마음이 소진되고 말 것이기 때문이다. 네 번째 수준의 회사를 고르기는 어려울 것이다. 거의 없기 때문이다. 따라서 두 번째와 세 번째 단계의 회사에 들어가 네 번째 단계의 회사로 성숙할 수 있도록 전력을 다하여 공헌하는 것이 바람직하다.

돈을 많이 벌면 성공했다고 말한다. 그러나 그것은 대단한 것이 아니다. 모은다는 것은 욕망이고, 그것은 누구나 가지고 있는 것이기 때문이다. 사람이 정말 훌륭해지기 시작하는 분기점은 가진 것을 나누어 주기 시작할 때부터다. 나눈다는 것은 자기를 넘어 다른 사람들에게 관심을 가지고 그들의 이야기를 들어줄 마음을 가지게 되었다는 것을 뜻하기 때문이다. 그것은 좁은 자아에서 벗어나 정신적이고 영적인 확장을 할 수 있게 된 사람들만이 할 수 있는 일이다. 나와 다른 사람이 분리될 수 없는 존재이며, 나와 우주가 하나라는 깨달음을 얻은 다음에야 나올 수 있는 행위이기 때문이다. 여기서부터 우리는 위대함의 한 자락을 얻게 된다.

아인슈타인은 인간의 삶의 목적을 생각하면서 이렇게 말했다. "우리는 모두 여기에 짧은 여행을 하러 온 것이다. 이유도 모른 채 말이다. 어쩌면 신의 섭리가 우리를 여기에 있게 한 것인지도 모른다. 삶이라는 관점에서 볼 때, 나는 여기 온 이유 중 한 가지는 분명히 알고 있다. 그것은 내가 다른 사람들을 위해 이곳에 왔다는 것이다. 하루에도 몇 번씩 나는 내면적으로나 외면적으로 모두, 이미 죽었거나 아직 살아 있는 다른 사람들 덕에 살아가고 있음을 절감한다. 그리하여 이제는 내가 받은 만큼 되돌려주려고 그들을 위해 나를 쓰지 못해 안달을 하게 되었다."

나누기 위해 꼭 부자가 되어야 할 이유는 없다. 돈이 있으면 돈을 나누고, 재능이 있으면 재능을 나누고, 따뜻한 마음이 있으면 그 마음을 나누면 된다. 절망한 사람에게 희망의 이야기를 들려주고, 아픈 이들에게 관심과 시간을 나누어 줄 수 있다면 이미 나눔에 나선 것이다. 아무것도 나누어 주지 않는 사람들이 가장 가난한 사람들이다. 줄 수 있는 힘을 가진 사람들, 그들이 바로 리더들이다. 진정한 영향력은 줄 수 있는 힘에서 나오기 때문이다.

자신보다 큰 것에 헌신하지 못한다면 기껏해야 뜻을 이룬 필부에 지나지 않는다. 평생을 자신을 위해 살고, 자신을 위해 벌고, 자신을 위해 쓴다면, 돈은 얻을지 모르나 존경은 얻을 수 없다.

| 내게도 이런 일이 일어났을까? |

재능을 기부하고 사람을 얻다

나는 쉰 살이 되던 해 아침을 기억한다. 잊지 못할 것이다. 40대의 10년은 내게 집중된 시간이었다. 직장에서 나와 새로운 인생을 어떻게 시작할까에 맞춰진 실험의 기간이었다. 마흔여섯 살에 직장을 나와 나는 4년 동안 먹고사는 일을 해결하는 데 진력했다. 나는 돈을 많이 벌기 위해 나를 쓰지 않았다. 그저 아이를 키우고 궁핍이 나를 비굴하게 하지 않을 정도를 원했다. 내가 원한 것은 자유였다. 인생을 내 마음대로 살고 싶은 자유, 나의 세계를 하나 갖는 것, 그것이 직업적으로 내가 원하는 것이었다. 나는 1인 기업가가 되었다. 스스로를 고용하는 데 성공했다. 먹고사는 것을 다른 사람에게 의존하지 않게 되었고, 나는 매일 내게 주어진 자유의 축복을 즐길 수 있게 되었다.

그러나 쉰 살이 되면서 나는 인생의 의미를 묻게 되었다. 이 질문에 대답하지 않으면 안 되었으니 쉰 살은 이 질문에서 물러설 수 없는 분수령이었다.

"자, 이제 독립에 성공했으니, 너는 무슨 일로 네 삶이 의미 있음을 증명할 것이냐?"

이 질문 앞에 서서야 비로소 의미란 그 자체에 있는 것이 아니라 스스로 부여하는 것이라는 것도 알게 되었다. 나눔과 공헌이 없이는 의미의 문제를 채울 수 없다는 것을 깨닫게 된 것이 바로 이때였다. 나 혼자 잘 먹고 잘 사면 재미없다. 지금 내가 가지고 있는 것으로 세상에 빚지지 않은 것이 없다. 좋은 것은 물론 나쁜 것까지도 나는 세상에서 배웠고, 사람들에게서 배웠다.

이러한 자각 속에서 쉰 살이 되던 해, '그것 때문에 50대 10년이 훌륭했다.'라고 말할 수 있는 10개의 아름다운 장면을 그려보기 시작했다. 그리고 이것을 내 삶의 '아름다운 10대 풍광'이라고 부르기로 했다. 이 풍광을 그려갈 때 나는 특별한 장치를 고안해두었다. 미래로 먼저 가서 지난 과거를 돌아보는 시간 도치의 방식을 써보았던 것이다. 나는 이것을 '미래의 회고'라고 불렀다. 2004년, 내 나이는 쉰 살이었다. 나는 10년 뒤인 2014년 아침을 가정했다. 그리고 그 시점에서 내 인생을 돌아보았을 때 가장 아름다웠던 광경을 회고해보는 방식을 썼다. 스스로 미래 여행을 했던 것이다. 이 방식은 단순히 미래를 계획하는 것보다 두 가지

커다란 장점을 가지고 있다. 첫째는 미래로 먼저 가서 과거를 회상하기 때문에 모두 과거 시제를 쓸 수밖에 없다는 점이다. 아직 이루어지지 않은 일을 이미 이루어진 과거로 인식한다는 것은 커다란 정신적 전환이다. 과거와 마찬가지로 '미래 역시 이미 이루어진 것'으로 인식함으로써 나의 내면적 동기는 고양되었다.

나는 이 방법을 스피노자에게서 배웠다. 스피노자는 일어날 일은 결국 일어나게 되어 있으니 미래 역시 과거와 마찬가지로 고정되어 있다고 생각했고, 나는 이 생각에 자극받았다. 이 생각은 파울루 코엘류의 소설 《연금술사》에도 그대로 반영되어 있다. '마크툽'(미래는 이미 쓰여 있다!)이라는 재미있는 단어를 기억하는가? 나 역시 미래를 이미 일어난 과거로 써보면서 그 일이 불가능한 일이 아니며, 결국 내 인생에서 일어난 멋진 일이 될 것이라는 강한 주술을 걸어보게 되었던 것이다.

'미래의 회고'가 주는 두 번째 장점은 10년 앞으로 먼저 가보았기 때문에 웬만한 삶의 도약은 전부 가능한 것으로 인식된다는 점이다. 만일 현재 시점에서 미래를 축조해간다면 너무도 황당하여 포기할 수밖에 없어 보이는 풍광 역시 보존할 수 있다는 것이다. 10년이란 거의 모든 것을 가능하게 하는 시간이다. "10년 뒤로 나를 날려 보내라. 그러면 거의 모든 불가능한 꿈을 현실로 품을 수 있다." 이것이 나의 주술이다.

체 게바라의 말을 기억하는가?

"우리 모두 리얼리스트가 되자. 그러나 우리 모두 불가능한 꿈을 가슴에 품자."

그리하여 나는 10년 풍광을 그리기 시작했고, 50대 10년의 거의 3분의 2가 지나가는 지금 나는 이 꿈들이 놀라운 에너지로 커가고 있음을 매일 확인할 수 있다. 특히 '내가 가장 잘할 수 있는 것으로 세상에 기여한다.'는 원칙에 따라 그려본 다음 두 개의 풍광은 다른 이들에게 내 인생을 나누어 주는 기쁨으로 가득 채워졌다.

첫 번째 풍광 | 우리의 불행은 꿈을 이루지 못해서가 아니라 꿈조차 없기 때문이다. 아주 많은 사람들이 자신이 무엇을 원하는지 알지 못했다. 그것은 희미한 것이었고, 사라져가는 것이었고, 이루지 못하는 것이었고, 맞출 수 없는 퍼즐의 한 조각에 불과했다. 그 한 조각을 가지고는 전체를 그려보기조차 어려운 작은 편린에 불과했다. 한 예로 거의 모든 사람이 가장 하고 싶은 일 중 하나로 여행을 꼽지만, 그것이 어찌 인생을 전부 건 프로젝트가 될 수 있겠는가? 삶을 송두리째 바치게 하는 일생일대의 꿈을 찾아 그들이 이동할 수 있도록 도와주고 싶었다. 그래서 '나를 찾아 떠나는 여행—내 꿈의 첫 페이지'라는 프로그램을 만들어 사람들이 스스로 자신의 꿈을 찾아갈 수 있도록 도와주었다. 그들은 모두 그것을 찾아 떠났다. 이 여행에 참석하게 되면 우리는 단식한

다. 살며 수시로 나타나는 갈림길에서 우리는 얼마나 많은 선택의 순간에 밥과 현실을 택하지 않으면 안 되었던가! 그 순간 우리의 꿈은 얼마나 무력해졌던가! 그리하여 이 여행에서는 밥을 먹어보지 않으리라. 밥이 존재를 손아귀에 넣고 흔들지 않도록 하기 위해서다. 먹지 않음으로써 먹는 것의 절박함을 이해하고 또 그것이 탐욕과는 아무 관계가 없는 것임을 확인하기 위해서다. 직업이란 결국 밥과 존재를 다룬다. 밥을 벌기 위해 자신이 원하는 일을 포기하면 존재가 울고, 자신의 존재를 위해 하고 싶은 일을 하면 밥이 되지 않는 이 대립의 딜레마를 화해시킬 수 있는 힘을 만들어내는 것이 이 프로그램의 목적이다. 사람마다 이 여행에서 얻은 성과는 다르다. 며칠의 여행으로 모두 다 그들의 꿈을 그려내지는 못했다. 어떤 이는 회귀했고, 어떤 이는 더욱 방황이 깊어졌고, 어떤 이는 축복처럼 자신의 길로 들어섰다. 분명한 것은 어떻든 그것은 해볼 만한 가치가 있는 일이라는 점이다.

'나를 찾아 떠나는 여행'에 처음 참석할 때는 제법 많은 돈을 내야 한다. 그러나 이 프로그램의 특징은 그 이후에는 평생 무료 애프터서비스를 한다는 것이다. 언제고 절실해져서 다시 들어오고 싶으면 다시 한 번 자신의 꿈을 디자인해볼 수 있다. 몇 번이고 반복해서 이수할 수 있다. 그때는 모두 무료로 참석할 수 있다. 6년이 지나는 동안 이 프로그램에 세 번 참석한 사람도 있다. 이 프로그램에 참석한 사람들은 서로를 '꿈벗'이라고 부른다. 이 과정에 참석한 한 젊은이가 그렇게 부른 후에 이 호칭이 공식화되었다. 그들은 서로의 꿈에 관심을 가지고 지켜봐주는 증인이 되었고, 훌륭한 응원자가 되었다. 생각해보라. 꿈을 나눌 수 있는 사람들, 조롱하는 대신 서로의 꿈으로 피륙을 짜는 사람들을 나이 들어 얻게 된다는 것은 얼마나 소중한 일이냐!

두 번째 풍광 | 나는 개인 대학원을 하나 만들었다. 건물도 없고 교실도 없지만, 나는 소프트웨어를 가지고 있었다. 세계에서 가장 유니크한 대학원 과정 하나를 만들어내는 것이 내 기여의 방식이었다. 나는 매년 10명 내외의 연구원을 선정했다. 연구원 과정은 2년에 걸쳐 이루어진다. 연구원으로 선정되면 일주일에 한 번 온라인으로 주어진 과제를 해내야 한다. 일주일에 한 권 미리 선정된 도서를 읽고 정교하게 리뷰해서 숙제를 올려야 하고, 매주 한 편의 칼럼을 써내야 한다. 대략 일주일에 평균적으로 30~40시간 정도는 투여되어야 제대로 따라갈 수 있는 분량이다. 그리고 한 달에 한 번 정도 서로 만나 수업을 하게 된다. 이때는 미리 부과된 과제를 해가지고 와서 발표해야 한다. 한 사람이 발표하게 되면 연구원 전원은 각자 그 발표에 대한 코멘트와 조언을 해야 한다. 이것이 서로에게 주는 최고의 기여이기도 하다. 그래서 우리는 '서로에게 친구가 되고 스승이 되는 관계'라고 부른다.

2년 차에는 홀로 조용히 자신의 책을 써내야 한다. 일반 대학원이 졸업 논문을 써 학위를 얻어내는 것이라면, 이 대학원에서 연구원은 자신의 관심 분야에 대해 책을 한 권 써냄으로써 세상에 자신의 연구를 증명해내야 한다. 학위는 없지만 한 권의 책의 저자가 되는 영광을 얻게 된다. 책을 써내지 못하면 졸업하지 못한다. 그저 수료자로 남을 뿐이다.

연구원 과정이 진행되는 동안 전 과정에 대한 수업료는 무료다. 엄밀하게 말하면 무료가 아니다. 나는 '지식의 물물교환'이라는 방식을 시도해보았다. 돈을 거래의 단위로 쓰지 않고, 우리가 가지고 있는 지식을 거래의 단위로 사용했다. 나는 내가 알고 있는 지식으로 그들을 지도했고, 그들은 그들의 배움과 숙제를 내 홈페이지에 올려 다른 사람들도 그들의 학업을 참고할 수 있도록 했다. 그리고 그들의 책으로 세상에 기여하게 했다. 따라서 연구원 수강을 하고도 좋은 책을 써내지 못한다면 그들은 지식의 교환에서 실패한 것이다. 받기만 하고 주지 못한 것이기 때문이다.

나는 이 개념을 좋아한다. 돈이 모든 것인 사회에서 옛날 방식의 따뜻한 대안을 찾고자 했다. 훈장이 가르치고, 아이들은 형편에 맞게 쌀 한 말, 팥 두 되, 콩 반 말을 수업료로 내는 것이 농경사회에서의 보상 방식이었다면, 지식 사회에서의 거래 방식은 재능과 지식의 물물교환일 수 있다고 생각했다. 가치의 차이는 내가 훨씬 덜 받는 경우도 있을 것이고, 훨씬 더 많이 받는 경우도 있을 것이다. 만일 이 사람들 속에서 훌륭한 변화경영전문가나 작가들이 나타난다면 나는 훌륭한 제자들로부터 충분히 보상받게 되는 것이다. 사람은 결국 사람으로 빛나게 마련이다. 아버지는 그 자식으로 빛나게 마련이고, 스승은 그 제자로 빛나게 마련이고, 국가는 키워낸 인재로 빛나게 마련이며, 인류는 위대한 인물들로 빛나게 마련인 것이다. 이것이 내 의도였다.

연구원들을 선발하는 과정에서 나는 일반적인 자격 조건을 따지지 않았다. 학벌도 전공도 나이도 성별도 따지지 않았다. 원하는 사람은 누구든 20페이지의 '자기 이야기'를 써 보내고, 선정된 책을 읽어낼 수 있고, 자신의 의견을 글로 피력할 수 있고, 이 과정에서 스스로의 관심사와 강점을 발견해 책을 낼 수 있는 사람이면 누구나 참여할 수 있다.

처음에는 상상에 불과했으나 결국 현실이 되었다. 실제로 '나를 찾아 떠나는 여행'을 통해 매년 30명 정도의 꿈벗을 배출해낼 수 있게 되었다. 10년이 지나면 300명 정도의 서로 지켜보고 도울 수 있는 사람들이 생겨날 것이다. 그리고 연구원 과정을 통해 지금까지 매년 10명 내외씩 모두 60여 명의 연구원을 배출해냈다. 10년이 지나면 어떤 연구원들은 이미 여러 권의 저서를 가지게 될 것이고, 관련 분야의 전문가가 되어 그 일을 직업으로 스스로 자립할 수 있고 공헌하게 될 것이다. 이것이 내 의도이고, 내 나눔의 본질이다. 책을 보고 관심 분야를 연구하고 책을 쓰다 보면 기량이 높아질 것이고, 이때부터 나는 본격적으로 이들과 좀 더 깊이 있는 연구를 함께 시작할 수 있을 것이다. 나는 꿈꾼다. 한때 직장인으로 시키는 일이나 하며 살던 지극히 평범했던 사람들이 스스로 역량을 닦은 전문가들이 되고 스스로의 길을 가게 될 것이다. 나는 이들을 동지로 얻게 될 것이다. 이것이 나의 기여의 방식이며 내게 주어진 소명을 다하는 것이다.

| 에필로그

염소, 호랑이가 되다

    위대한 사람들은 꼭 성공한 사람들이 아니다. 그들은 반드시 한때 세상에서 이해받지 못하는 고독과 고통을 겪는 창조적 부적응자들이기도 하다. 아름다움을 위해 죽고, 진실을 위해 죽는 세속의 실패자들이기도 하다. 나는 이 책에서 성공을 말하려 하지 않았다. 나는 평범한 인간 속에 살고 있는 위대함에 대해 말하려 했다. 자신의 삶 속에서 그 위대함을 끄집어내 가장 자기다운 인생을 살아가게 된 평범한 사람들, 스스로 자기 자신의 별이 된 사람들, 나는 그들의 이야기를 들려주고 싶었다.

    어느 날 나는 조지프 캠벨의 책을 읽고 있었다. 그는 늘 흥미진진한 이야기로 내 가슴을 흔드는 위대한 이야기꾼이었다. 그의 인생의 구루(guru, 스승)였던 하인리히 침머가 들려준 인도의 동물 우화 하나가 그날 특히 내 관심을 끌었다. 캠벨은 그 이야기를 자기 식으로 전해주었고, 나는 그 이야기를 내 식으로 다시 정리해보았다.

    암호랑이가 한 마리 있었다. 새끼를 배고 있었는데 오랫동안 굶주렸다. 어느 날 염소 떼를 발견하고 필사적으로 달려들었다. 어찌나 먹이를 잡기 위해 용을 썼는지 그만 새끼를 낳고 죽어버렸다. 뿔뿔이 흩어져 도망갔던 염소들이 돌아와 보니, 어미 호랑이는 죽어 있고 갓 태어난 새끼 호랑이는 울고 있었다. 불쌍히 여긴 염소들은 새끼 호랑이를 대신 키웠다. 호랑이는 '매에' 하고 염소처럼 우는 법을 배우고, 풀을 먹는 법도 배웠다. 하지만 몸에 맞지 않은 음식을 먹고 자랐으니 그 새끼 호랑이는 참으로 볼품없는 비실이가 되어갔다.

    새끼 호랑이가 사춘기에 이르렀다. 어느 날 커다란 호랑이가 염소 떼를 덮쳤다. 염소들은 사방팔방으로 도망갔지만 비실이 새끼 호랑이는 도망도 못 가고 멍하니 서 있었다. 큰 호랑이가 새끼 호랑이를 보자 놀라 물었다.

    "뭐야 너, 염소들과 사는 거냐?"

    "메에에……." 새끼 호랑이가 대답했다.

    큰 호랑이는 기가 막히고 화가 났다. 몇 번 쥐어박았지만 새끼 호랑이는 그저 염소 소리로 울 뿐이었다. 큰 호랑이는 새끼 호랑이를 끌고 잔잔한 호수로 데리고 갔다. 새끼 호랑이는 난생처음 자기의 얼굴을 보았다. 큰 호랑이는 자기 얼굴을 그 옆에 가져다대고 말했다.

"이것 봐. 너와 나는 같지? 넌 염소가 아니라 호랑이다. 알았느냐? 네 모습을 마음에 새겨 호랑이가 되어라."

새끼 호랑이는 이 메시지를 이해했다.

큰 호랑이는 새끼 호랑이를 데리고 동굴로 갔다. 그곳에는 피가 뚝뚝 떨어지는 영양의 고기가 있었다. 큰 호랑이가 한 입 베어 물며 말했다.

"너도 먹어라. 마음껏 먹어라."

그러자 새끼 호랑이가 말했다.

"나는 채식주의자인데요."

"헛소리 하지 마라."

그리고 고기 토막 하나를 입에 찔러 넣어주었다. 새끼 호랑이는 숨이 막혀 캑캑댔다.

"씹어라. 호랑이는 도망칠 수 없는 풀을 먹지 않는다. 달려들어 생명을 잡아먹고 생명으로 살아가는 것이다."

새끼 호랑이는 고깃덩어리라는 새로운 깨달음 앞에서 캑캑 숨이 막혔지만, 그래도 그것을 자기의 몸속과 핏속으로 받아들였다. 그것이 올바른 먹이였기 때문이다. 새끼 호랑이의 포효가 터져 나왔다. 최초의 호랑이 울음소리였다. 드디어 호랑이의 몸에서 염소라는 과거가 뚝 하고 떨어져 나갔다.

우리 모두 염소처럼 살아가는 호랑이들이다. 사회 속에서, 조직 속에서 그렇게 길들여졌다. 우리는 어느 때 호랑이로서 자기 얼굴을 인식하게 될까? 그리고 호랑이로서 포효하며 살아가게 될까? 나는 이 질문에 대답하기 위해 이 책을 썼다. 그러나 오해는 하지 말기 바란다. 내가 염소를 싫어하고 호랑이를 좋아한다고 말이다. 내가 미워하는 것은 다만 우리 속에 지금의 우리 삶보다 훨씬 더 깊은 인생이 숨어 있다는 사실을 깨닫지 못하고 자신이 되지 못한 채 다른 사람으로 살고 있는 졸렬한 현재인 것이다.

나는 자신의 이야기, 즉 나의 신화를 하나 갖기 위해 이 책을 썼다. 문명 이전, 수천 년 전의 인간의 사유 방식으로 풀어놓은 이야기, 그것이 바로 신화다. 잠잘 때의 언어, 감시당하지 않는 무의식의 언어인 꿈은 인류의 원형 이미지인 신화 속에서 그 해석의 실마리를 얻어낸다. 꿈은 개인화된 신화이며, 신화는 보편화된 인류의 꿈이다.

우리에게 꿈은 무엇인가? 자유다. 잠잘 때 무의식이 꾸는 꿈은 사회적 압력을 상징하는 초자아로부터의 자유를 의미하고, 우리가 깨어 있는 낮에 꾸는 꿈은 현재로부터의 자유를 상징한다. 과거의 강물에서 근원한 답답하고 초라한 현재, 방광에 가득한 노폐물, 터질 것 같지만 억제된 욕망의 배뇨의 길, 그것이 꿈이다. 꿈을 꾸지 못하면 현재는 풀려 나갈 곳을 잃게 된다. 춤추듯 화폭을 휘몰아가는 붓이 힘을 잃고, 화폭의 구석에 겨우 작은 점 하나를 찍고 정지된 채 스스로 응축되어 갇히게 된다. 현재라는 창살, 벗어날 수 없는 감옥, 낡은 과거의 옷을 걸친 비루한 죄수로 살게 된다. 꿈은 창살을 빠져나오는 바람이 되고, 연기가 되고, 탈옥한 자의 웃음이 된다.

꿈은 무엇인가? 자신을 주도적 인물로 정립하기 위한 정신 작용이다. 그것은 우리가 다른 사람의 기대와 요구에 따라 움직이는 축소된 존재로 살아가는 것을 거부하는 것이다. 만들어지는 대로 사는 삶을 버리고 세상 속에 제 마음대로 할 수 있는 자신의 제국 하나를 만들어내겠다는 자기 선언인 것이다. 모든 평범한 자는 우연한 사건을 만나 영혼을 흔드는 각성을 거쳐 사회가 강요한 꿈이 아닌 자신의 꿈을 꾸게 되는 위대한 모험의 길로 들어서게 된다. 꿈길, 우리의 모든 걸출한 모험은 이 길을 따라 걸으며 시작된다. 꿈은 과거에 대한 미래의 승리인 것이다.

성장과 변화를 다루는 모든 책은 시시한 자기 계발서에서부터 위대한 고전에 이르기까지 꿈을 다룬다. 꿈이야말로 내가 상상하고 이루어지기를 바라는 나의 이야기다. 그동안 어떤 삶을 살아왔든, 인생이란 한 번의 시도로 끝나는 것이 아니다. 절반도 살지 않고 벌써 곰팡이 나는 생각과 붕괴된 육체를 갖는다면 후반부 인생은 시작도 못하고 실패한 것이다. 꿈이야말로 단박에 삶에 동경을 불어넣음으로써 인생을 다시 시작하게 한다. 월든에서의 생활은 소로가 이 호숫가에서 오두막을 짓기 이전부터 이미 시작되었다. 꿈이 꿈을 이루게 하기 때문에 꿈은 주술이다. 그러므로 꿈을 잃었다는 것은 자신을 다른 것으로 재창조해낼 주술의 힘을 상실했다는 뜻이다.

그러나 꿈은 자신을 세상으로 불러줄 힘을 요구한다. 현실의 장벽을 넘어설 구체적인 결심과 행동을 요구하는 것이다. 헤르만 헤세는 이렇게 말한다.

"인간은 확고하고 명료하고 완성된 것이 아니다. 변화해가는 것이다. 인간은 시도이고 예감이며 미래다. …… 어떠한 상황에서도 현실을 숭배하거나 존경해서는 안 된다. 그것은 우리가 현실보다 강하다는 사실을 보여줄 때 비로소 달라지는 것이다."

이 말은 훌륭한 통찰이다. 분명한 것은 현실이 꿈과 미래를 장악하게 되면 내 마음대로 해볼 만한 나만의 세상을 창조해낼 힘이 상실된다는 것이다. 그리하여 우리는 늘 결정적 순간을 노리고는 있지만, 그때가 오면 슬그머니 발을 빼는 슬픈 패배를 되풀이하게 된다. 자신의 미래를 현실로부터 지켜낼 힘을 잃음으로써 다른 사람들의 생각에 복종하게 된다. 그리하여 나는 사라지고 그들이 나의 자리를 차지하게 된다. 내가 생각하는 것이 아니라 그들이 생각하는 것이다.

삶을 자신의 것으로 만드는 데 성공한 인물들은 자신에게 최고의 선물을 주는 것을 최우선적 가치로 삼는다. 그것을 위해 현실의 위협에 대항한다. 뻔한 인생을 거부할 권리, 과거의 나를 죽일 수 있는 용기, 새로운 곳으로 떠날 수 있는 무모함이야말로 꿈이 이루어질 수 있는 조건들인 것이다. 그때 그들은 삶을 재창조해 내는 데 성공한다. 인생의 터닝 포인트에서 분명한 도약을 통해 얕은 인생을 건너 깊은 인생으로 들어서게 된다.

"내게는 꿈이 있다."라는 말은 나의 신화를 가지게 되었다는 뜻이다. 평범한 내가 어느 날 운명적인 만남을 통해 각성에 이르고, 드디어 주인공이 되어 신들의 도움으로 천신만고 끝에 괴물을 쳐 없애 고난 받는 사람들을 구하여 그들의 영웅이 되는, 위대한 서사시 한 편이 나를 위해 쓰인다는 뜻이다. 나는 질문한다. 언제 나는 평범함과 위대함이 갈리는 갈림길에 이르게 될까? 어느 사건이 '전령관'으로 내 인생의 변곡점을 만들어내는 장면을 연출하게 될까? 결국 나는 나만의 인생이라는 모험의 길로 들어서면서 어떤 천재일우의 기회들을 맞게 될까? 누가 이 모험의 길목 길목에서 나를 구해주고, 내게 용기를 주고, 내게 괴물의 목을 딸 보검을 전해주게 될까? 이윽고 내가 마주하는 고난과 문제는 무엇이며, 나는 이 괴물들을 어떻게 쳐부수어 그 목을 잘라 자루에 넣고 다시 현실 세계로 귀환하게 될까? 결국 나는 무엇이 되어 어떻게 인생을 보내게 될까? 그리하여 나는 인생이라는 모험에서 어떤 역할을 맡은 것일까?

간디는 도덕적, 종교적 정치가가 되어 인도를 구하는 신화를 만들었고, 체 게바라는 혁명가가 되어 세계만방의 인민을 해방하는 신화를 썼으며, 마사 그레이엄은 평범한 사람의 불안과 고민을 몸으로 표현함으로써 춤과 인생이 만나게 되는 신화를 만들어 냈다. 스피노자는 삶의 윤리를 다듬어 자신의 삶에 직접 적용하여 자신이 말한 대로 살아가는 참으로 윤리적인 인간의 길을 보여주었고, 니체는 거짓으로 살기보다 미치는 쪽을 선택한 초인이 되었다. 조주는 손에 슬그머니 열쇠를 쥐어준 스승 남전이 있었기에 마지막 선(禪)의 불꽃으로 타오를 수 있었다. 처칠은 철저한 현실의 관찰을 통하여 미래를 읽어내는 통찰을 얻었으며, 불굴의 정신으로 자신이 미리 본 미래를 관철했다. 아니타 로딕은 탐욕이 지배하는 비즈니스의 세계에서 자신을 넘어서는 더 큰 것을 보고 헌신했으니, 그녀를 보는 순간 현실에 너무도 쉽게 무릎을 꿇는 굴종에 대한 유쾌한 저항과 에너지를 얻게 된다. 그들은 모두 신화가 된 평범한 사람들이다. 그리고 또 한 사람, 자신의 천복을 따라 살다간 조지프 캠벨은 이 모든 위대한 영웅이 탄생하면서 저절로 만들어진 것이 아님을 밝혀준다. 평범하기 이를 데 없는 사람 하나가 어느 날 한 안내자의 등장으로 영원히 잊지 못할 모험을 떠남으로써 전설적 영웅으로 깊은 인생을 살게 되는 명료한 사실을 우리에게 입증해 알려준다. 그리고 그 역시 자신이 밝혀낸 모델 속으로 걸어 들어가 위대한 학자가 되었다.

  신화는 인생의 대본이다. 그것은 이 세상을 읽는 방식이며 삶을 살아가는 방식이다. 그것은 인생이라는 무대에서 내가 어떤 배우의 역할을 수행해야 하는지를 말해주는 것이다. 흥미진진한 것은 그 역할을 내 마음대로 정할 수 있다는 것이다. 모든 위대한 인물은 알고 있다. 결코 대중과 군중이 되어 지나가는 거리의 행인으로 자신을 설정하지 않으리라는 사실을 말이다. 자신을 가지고 위대한 이야기를 쓰지 못한다면 누구도 자신의 무대를 가질 수 없다. 역할이 없는 배우, 인생에게 통렬한 뚱침을 날리는 대화 한 마디 할 수 없는 벙어리, 어느 한 사람하고도 목숨을 건 사랑과 우정을 만들어내지 못하는 졸렬한 인생, 밥을 찾아 스스로 목에 사슬을 거는 개. 만일 우리 스스로 자신을 위한 신화 한 편을 쓰지 못한다면 결국 자신이 열연해야 할 인생이라는 무대는 없다. 꿈을 꾼다는 것은 어둠 속의 관객, 얼굴이 없는 반편, 박수 기계로 남지 않겠다는 정신적 각성이며, 자신을 주인공으로 하는 자신만의 무대가 설치되기 시작했다는 것을 말한다.

  일곱 개의 이야기를 쓰면서 나는 정신적 각성이 가져다준 일곱 개의 비밀들을 내게 적용해보았다. '내게도 이런 일들이 생겼을까? 그 일은 언제 발생했을까?'라는 질문을 끊임없이 해보았다. 그리고 나는 내가 작은 별이라는 것을 알게 되었다. 비록 아주 작은 별이지만 스스로 빛나는 소우주이며 고유한 이야기를 가진 행성이라는 것을 알게 되었다. 무수한 우리의 별들, 그중 작은 별 하나가 나라는 것을 확신하는 과정이 이 책을 쓰면서 얻은 기쁨이었다.

그러므로 묻는다. 당신의 신화는 무엇인가? 당신은 인생이라는 모험에 어떤 모습으로 깊이 참여하고 있는가? 단명한 삶의 슬픔에 기쁜 마음으로 참여하자. 그 단명함이야말로 영생하는 신들은 결코 느낄 수 없는 참으로 슬픈 아름다움이기에. 그리하여 그대, 이제 가면 한 장 두께의 얕은 복제 인생을 걷어버리고, 모든 잠재력이 스스로의 강물로 흐르는 깊고 푸른 인생을 살자.

깊은 인생
평범한 삶이 아주 특별한 삶으로 바뀌는 7가지 이야기

1판 1쇄 발행일 2011년 4월 18일
1판 3쇄 발행일 2021년 3월 29일

지은이 구본형

발행인 김학원
발행처 (주)휴머니스트출판그룹
출판등록 제313-2007-000007호(2007년 1월 5일)
주소 (03991) 서울시 마포구 동교로23길 76(연남동)
전화 02-335-4422 **팩스** 02-334-3427
저자·독자 서비스 humanist@humanistbooks.com
홈페이지 www.humanistbooks.com
유튜브 youtube.com/user/humanistma **포스트** post.naver.com/hmcv
페이스북 facebook.com/hmcv2001 **인스타그램** @humanist_insta

편집주간 황서현 **편집** 김서연 임미영 **디자인** 김태형
용지 화인페이퍼 **인쇄** 청아디앤피 **제본** 경일제책

ⓒ 구본형, 2011

ISBN 978-89-5862-395-3 13320

- 이 책은 저작권법에 따라 보호받는 저작물이므로 무단 전재와 무단 복제를 금합니다.
- 이 책의 전부 또는 일부를 이용하려면 반드시 저자와 (주)휴머니스트출판그룹의 동의를 받아야 합니다.